Charles Dickens
Master Humphreys Wanduhr

Charles Dickens

Master Humphreys Wanduhr

Mit 10 Farbillustrationen

Artemis & Winkler
Winkler Weltliteratur
Kleine Bibliothek

Aus: Master Humphreys Wanduhr und andere Erzählungen,
Artemis & Winkler Verlag, 2. Auflage 1982.
Aus dem Englischen von Melanie Walz und Harald Raykowsky.

Umschlagmotiv: *The Sargent Family.*
Unbekannter amerikanischer Maler, um 1800.
Foto: AKG, Berlin

Die Deutsche Bibliothek – CIP-Einheitsaufnahme:

Dickens, Charles:
Master Humphreys Wanduhr / Charles Dickens.
[Aus dem Engl. von Melanie Walz und Harald Raykowski]. –
Düsseldorf; Zürich: Artemis und Winkler, 1997
(Winkler Weltliteratur: Kleine Bibliothek)
ISBN 3-538-06664-7

Umschlaggestaltung: Bine Cordes, Weyarn
Satz: Fotosatz Moers, Mönchengladbach
Lithographie: HRP Reprotechnik, Essen
Druck und Bindung: Clausen & Bosse, Leck
Printed in Germany
ISBN 3-538-06664-7

INHALT

ERSTES KAPITEL

Master Humphrey, von seiner Wanduhr in der Kaminecke

Der Leser darf nicht erwarten zu erfahren, wo ich lebe. Zugegeben, im Augenblick ist meine Wohnung vielleicht eine Frage von geringerer oder gar keiner Bedeutung; aber falls ich, wie ich hoffe, meine Leser mitreiße, und zwischen ihnen und mir eine Stimmung freundlicher Zuneigung und Aufmerksamkeit entsteht, die selbst Dingen, die meinem Geschick oder meinen Betrachtungen nur entfernt verbunden sind, so etwas wie Interesse beimißt – dann könnte sogar der Ort meines Aufenthalts eines Tages eine Art Zauber für sie haben. Diese mögliche Folge im Auge, möchte ich ihnen von vornherein versichern, daß sie nie damit werden rechnen können, diesen Ort zu erfahren.

Ich bin kein mürrischer alter Mann. Ohne Freunde werde ich nie sein, denn die ganze Menschheit ist meine Familie, und mit keinem einzigen Mitglied dieser großen Familie stehe ich auf schlechtem Fuße. Doch führe ich seit vielen Jahren ein einsames, zurückgezogenes Leben – welche Wunde ich anfänglich zu heilen, welches Leid zu vergessen suchte, ist jetzt nicht mehr von Bedeutung; es genügt, daß die Zurückgezogenheit mir zur Gewohnheit wurde und ich einen Zustand nicht ändern möchte, der seit einer so langen Zeit beruhigend auf mein Heim und Herz gewirkt hat.

Ich lebe in einer ehrwürdigen Vorstadt von London, in einem alten Haus, das in vergangenen Tagen ein berühmter Treffpunkt für fröhliche Bonvivants und unvergleichliche Damen war, alle längst dahingegangen. Es ist ein stiller, schattiger Ort mit einem gepflasterten Hof so voller Echos, daß ich manchmal versucht bin zu glauben, ein schwacher Nachhall der Geräusche aus alten Zeiten weile jetzt noch hier, und diese Klanggespenster umspukten meine Schritte, wenn ich in ihm auf und ab gehe. In diesem Glauben bin ich um so mehr bestärkt, als die Echos, die meine Gänge begleiten, in den letzten Jahren weniger laut und deutlich waren als früher; und es ist viel angenehmer, sich in ihnen das Rascheln von Seidenbrokat und das leichtfüßige Auftreten eines lieblichen Mädchens vorzustellen, als in ihrem geänderten Ton den versagenden Schritt eines alten Mannes zu erkennen.

Denen, die gern von prunkvollen Räumen und prächtiger Einrichtung lesen, dürfte eine genaue Beschreibung meiner einfachen Behausung nur wenig Genuß bereiten. Mir ist sie teuer aus demselben Grund, aus dem jene sie geringschätzen würden. Ihre wurmstichigen Türen und niedrigen Decken, gekreuzt von ungefügen Balken; ihre holzgetäfelten Wände, dunklen Treppen und gähnenden Wandschränke; ihre kleinen Kammern, durch gewundene Gänge oder enge Stufen miteinander verbunden; ihre vielen Schlupfwinkel, kaum größer als ihre Eckschränke; ja selbst ihr Staub und ihre Düsternis, all das ist mir teuer. Motte und Spinne sind meine ständigen Untermieter, denn in meinem Haus genießt die eine ihren langen Schlaf, und die andere sitzt sicher und ungestört an ihrem emsigen Webstuhl. An manchem Sommertag denke ich voll Freude daran, wie viele Schmetterlinge zum ersten Male dem Licht und Sonnenschein aus irgendeinem dunklen Winkel dieser alten Wände entgegensahen.

Als ich hier einzog, was vor vielen Jahren geschah, wollten die Nachbarn voll Neugier erfahren, wer ich sei, woher ich käme und warum ich so abgeschieden lebe. Als die Zeit verging, und sie in diesen Punkten noch im-

Geschlossene Eisenuhr um 1600 mit bemaltem Gehäuse und
vier aufgesetzten, feuervergoldeten Zifferblättern

mer nicht befriedigt waren, wurde ich zum Mittelpunkt einer allgemeinen Unruhe im Umkreis einer halben Meile, in einer Richtung sogar von einer ganzen. Verschiedene mir abträgliche Gerüchte liefen um. Ich war ein Spion, ein Ungläubiger, ein Zauberkünstler, ein Kindesentführer, ein Flüchtling, ein Priester, ein Ungeheuer. Mütter rissen ihre Kinder an sich und rannten in ihre Häuser, wenn ich vorbeiging; Männer starrten mich gehässig an und murmelten Drohungen und Flüche. Ich war der Gegenstand von Mißtrauen und Verdacht – ja selbst von wirklichem Haß.

Aber als sie mit der Zeit erkannten, daß ich ihnen nichts zuleide tat, sondern ihnen im Gegenteil zugeneigt war, trotz ihrer ungerechten Behandlung, da ließen sie sich langsam erweichen. Keiner heftete sich mir mehr an die Fersen, wie das früher oft geschehen war, und ich bemerkte, daß die Frauen und Kinder sich nicht länger zurückzogen, sondern stehenblieben und mich betrachteten, wenn ich an ihren Türen vorbeikam. Ich hielt das für ein gutes Omen und wartete geduldig auf bessere Zeiten. Nach und nach gewann ich Freunde unter diesen einfachen Leuten; und wenn sie auch zum Reden noch zu scheu waren, entbot ich ihnen doch einen »Guten Tag« und ging weiter. Bald waren jene, denen ich mich so genähert hatte, darauf bedacht, zur gewohnten Stunde an ihre Türen und Fenster zu treten und mir zuzunicken oder zu knicksen; auch die Kinder kamen schüchtern in meine Reichweite und rannten ganz erschrocken fort, wenn ich ihnen übers Haar strich und sie hieß, in der Schule brav zu sein; doch diese kleinen Leute wurden bald zutraulicher. Nach dem anfänglichen Austausch alltäglicher Bemerkungen mit meinen älteren Nachbarn wurde ich nach und nach zu ihrem Freunde und Ratgeber, zum Lagerhaus ihrer Sorgen und Kümmernisse und manchmal vielleicht gar, so gut ich konnte, zum Linderer ihrer Pein. Und jetzt gehe ich nie aus, ohne daß sie mit freundlichem Gruß und lächelndem Gesicht Master Humphrey aufwarten.

Es war eine Grille von mir – vielleicht um die Neugier meiner Nachbarn anzuspornen und als eine Art Rache an ihnen für ihre Verdächtigungen –, es war, wie ich sagte, eine Grille von mir, daß ich bei meiner Ankunft an diesem Ort keinen anderen Namen angab als Humphrey. Meinen Lästerern war ich der Häßliche Humphrey. Als ich begann, sie zu Freunden zu machen, wurde ich Mr. Humphrey und der Alte Mr. Humphrey. Zu guter Letzt blieb es bei einem schlichten Master Humphrey, jener Anrede, die man meinen Ohren am gefälligsten wähnte; und sie hat sich derart eingebürgert, daß ich manchmal, wenn ich in meinem kleinen Hof meinen Morgenspaziergang mache, meinen Barbier – der den tiefsten Respekt vor mir hat und, da bin ich sicher, um nichts in der Welt an meiner Ehre rühren würde – dabei belausche, wie er auf der anderen Seite der Mauer das große Wort führt, auf den Stand von »Master Humphreys« Gesundheit zu sprechen kommt und irgendeinem Freund den Inhalt der Unterhaltung wiedergibt, die er und Master Humphrey im Verlaufe des Rasierens, das er eben beendet hat, geführt haben.

Auf daß ich nicht unter falschen Vorspiegelungen Bekanntschaft mit meinen Lesern schließe oder ihnen Grund zu späterer Klage gebe, ihnen vorenthalten zu haben, was sie unbedingt von Anfang an hätten erfahren müssen, lasse ich sie also wissen – und ich lächle bekümmert, wenn ich denke, daß es eine Zeit gab, da dieses Geständnis mir Schmerz bereitet hätte –, daß ich ein verkrüppelter, ungestalter alter Mann bin.

Dieser Umstand hat mich nie zum Menschenfeind gemacht. Nie hat eine Beleidigung mich getroffen, nie ein Witz über meine verwachsene Gestalt mich verletzt. Als Kind war ich melancholisch und schüchtern, aber das kam daher, daß die zärtliche Rücksicht, die meinem Unglück gezollt wurde, tief in mein Gemüt drang und mich traurig machte, selbst in jenen frühen Tagen. Ich war noch ein sehr junges Geschöpf, als meine arme Mutter starb, und doch kann ich mich erinnern, daß sie mich oft, wenn ich an ihrem Hals hing, und öfter noch, wenn ich vor ihr im Zimmer spielte, an ihren Busen drückte und mich unter Tränen mit allen Worten der Zuneigung und Liebe tröstete. Gott weiß, was für ein glückliches Kind ich dann war – glücklich, mich an ihre Brust zu schmiegen –, glücklich, mit ihr zu weinen –, glücklich, weil ich nicht wußte warum.

Diese Momente haben sich mir so tief ins Gedächtnis geprägt, daß sie ganze Jahre ausgefüllt zu haben scheinen. Ich selbst zählte erst sehr, sehr wenige, als sie für immer ein Ende nahmen; doch vorher noch war mir ihre Bedeutung enthüllt worden.

Ich weiß nicht, ob alle Kinder mit einer raschen Auffassung für kindliche Anmut und Schönheit begabt und von tiefer Liebe dafür erfüllt sind – ich war es. Ich kann mich an keinen Gedanken darüber erinnern, ob ich sie selbst besaß oder ihrer ermangelte, aber ich bewunderte sie mit einer Heftigkeit, die ich nicht beschreiben kann. Ein kleines Grüppchen von Spielgefährten – sie müssen schön gewesen sein, denn ich sehe sie noch vor mir – drängte sich eines Tages um meiner Mutter Knie in eifriger Bewunderung eines Bildes von kindlichen Englein, das sie in ihrer Hand hielt. Wem das Bild gehörte, ob es mir bekannt war oder nicht und wieso alle diese Kinder da waren, das weiß ich nicht mehr; eine Ahnung sagt mir, daß ich Geburtstag hatte, aber meine Erinnerung setzt erst damit ein, daß wir alle gemeinsam im Garten waren und das Wetter sommerlich war – dessen bin ich sicher, denn eines der kleinen Mädchen hatte Rosen in seiner Schärpe. Es gab viele liebliche Engel auf diesem Bild, und ich erinnere mich, daß mir der Einfall kam zu zeigen, daß jeder Engel eines der Kinder hier darstellte, und daß ich, nachdem ich meine Gefährten entdeckt hatte, innehielt und zögernd überlegte, welcher wohl am meisten mir glich. Ich erinnere mich, wie die Kinder einander ansahen, und wie ich errötete und mir heiß wurde, und sie sich um mich drängten, mich zu küssen, und sagten, daß sie mich deshalb nicht weniger liebten; und dann, als der alte Kummer wieder in meiner teuren Mutter lieben gütigen Blick trat, da ging mir zum ersten Mal die Wahrheit auf, und ich erkannte, was sie angesichts meiner plumpen linkischen Bewegungen um ihren armen verkrüppelten Jungen gelitten haben mußte.

Später träumte ich noch oft davon, und jetzt schmerzt mich das Herz um dieses Kindes willen, als wäre es nie ich gewesen, wenn ich daran denke, wie oft es aus einer feenhaften Verwandlung erwachte, um sich in seiner eigenen alten Gestalt wiederzufinden, und sich wieder in den Schlaf schluchzte.

Nun, nun – all dieser Kummer liegt in der Vergangenheit. Doch mag's nicht unnütz sein, wenn ich einen Blick darauf werfe, denn vielleicht hilft es in gewissem Grade zu erklären, warum ich mein Leben lang an den leblosen Gegenständen hing, die meine Kammer bevölkern, und wie ich dazu kam, sie mehr als alte treue Freunde zu betrachten denn nur als Stühle und Tische, die ein bißchen Geld beliebig ersetzen könnte.

Der erste und wichtigste unter ihnen ist meine Uhr – meine alte fröhliche, gesellige Wanduhr. Wie kann ich jemals anderen eine Vorstellung davon vermitteln, welcher Trost und welche Stütze mir diese alte Uhr jahrelang gewesen ist!

Sie ist verknüpft mit meinen frühesten Erinnerungen. Vor gut sechzig Jahren stand sie zu Hause (ich nenne es immer noch automatisch »zu Hause«) im Treppenhaus. Dafür liebe ich sie; aber nicht allein deshalb, noch etwa nur, weil sie ein kurioses altes Ding in einem riesigen, reich und sonderbar geschnitzten Eichenkasten ist, schätze ich sie so sehr, wie ich es tue. Ich bin ihr so zugeneigt, als wäre sie lebendig und könnte die Liebe, die ich für sie hege, verstehen und erwidern.

Und welch anderes Ding, dem das Leben nicht gegeben ist, verstünde es so wie sie, mich aufzuheitern? Und welch anderes Ding, das nicht lebendig ist (ganz zu schweigen, wie wenige von den lebenden), hätte sich als immer gleich geduldiger, wahrer, unermüdlicher Freund erwiesen? Wie oft habe ich nicht an den langen Winterabenden gesessen und ihre zirpende Stimme als so gesellig empfunden, daß ich, die Augen von meinem Buche erhebend und dankbar zu ihr hinblickend, ihr von der Glut des glimmenden Feuers gerötetes Gesicht seinen gesetzten Ausdruck aufgeben und mich freundlich anblicken zu sehen vermeinte! Wie oft in der sommerlichen Dämmerung, wenn meine Gedanken zurückwanderten in eine düstere Vergangenheit, rief nicht ihr regelmäßiges Flüstern sie in die stille, friedliche Gegenwart zurück! Wie oft brach nicht ihr Läuten in der Totenstille der Nacht das drückende Schweigen und schien mir zu versichern, daß die alte Uhr noch immer treue Wache hielt an meiner Kammertür! Meinen Ohrensessel, meinen Schreibtisch, meine alten Möbel, ja sogar meine Bücher – kaum vermag ich selbst die letzteren so zu lieben wie meine alte Uhr.

Sie steht in einer gemütlichen Ecke, halbwegs zwischen dem Kamin und einer niedrigen Bogentür, die in meine Schlafkammer führt. Ihr Ruhm ist so weit in der Nachbarschaft verbreitet, daß ich oft die Genugtuung habe zu hören, wie der Wirt oder der Bäcker und manchmal sogar der Küster meine Haushälterin (von der ich im Verlauf der Erzählung noch viel zu sagen haben werde) ersuchen, ihnen die genaue Zeit nach Master Humphreys

Uhr zu sagen. Mein Barbier, den ich schon erwähnte, würde eher ihr glauben als der Sonne. Doch das ist nicht das einzige, was sie auszeichnet. Sie hat, wie ich glücklich bekenne, noch eine andere Auszeichnung erworben, unlösbar verknüpft nicht nur mit meinen eigenen Freuden und Betrachtungen, sondern auch mit denen anderer Männer, wie ich im folgenden berichten möchte.

Lange Zeit lebte ich hier allein, ohne Freunde oder Bekannte. Im Laufe meiner Wanderungen bei Nacht und Tag, zu allen Stunden und Jahreszeiten, in den Straßen der Stadt und auf dem stillen Lande, wurde ich langsam mit bestimmten Gesichtern vertraut und nahm es mir als eine recht schwere Enttäuschung zu Herzen, wenn einmal eines von ihnen versäumte, an dem ihm zugehörigen Orte aufzutauchen. Doch dies waren die einzigen Freunde, die ich kannte, und außer ihnen hatte ich keine.

Es geschah jedoch, als ich lang schon so dahingelebt hatte, daß ich die Bekanntschaft eines tauben Gentleman machte, die zu Vertrautheit und enger Freundschaft reifte. Ich weiß seinen Namen bis zu dieser Stunde nicht. Es ist seine Gemütsart, ihn geheimzuhalten, oder er hat einen Grund und ein Ziel, es zu tun. In beiden Fällen hat er, wie ich meine, ein Recht darauf, soviel Vertrauen zu ernten, wie er gesät hat; und so wie er nie mein Geheimnis zu entdecken suchte, so habe ich nie seines zu durchdringen gesucht. In diesem stillschweigenden Vertrauen zueinander lag etwas, was uns beiden schmeichelte und gefiel, und es mag unserer Freundschaft zu Beginn einen vielleicht zusätzlichen Reiz verliehen haben. Sei dem wie ihm wolle, wir sind einander wie Brüder geworden – und doch kenne ich ihn nur als den tauben Gentleman.

Ich habe gesagt, daß mir die Zurückgezogenheit zur Gewohnheit geworden ist. Wenn ich hinzufüge, daß der taube Gentleman und ich zwei Freunde haben, dann teile ich nichts mit, was sich mit dieser Erklärung nicht vereinbaren ließe. Viele Stunden eines jeden Tages verbringe ich einsam in Gedanken versunken, habe außer diesen dreien weder Freunde noch einen Freundeskreis, sehe diese nur zu festgesetzten Zeiten, und meine Zurückgezogenheit bedingt sich aus der Natur und dem Ziel unserer Verbindung selbst.

Wir sind Männer von stiller Lebensweise, mit etwas wie einer Wolke über unseren früheren Schicksalen, deren Begeisterung nichtsdestoweniger mit dem Alter nicht erkaltet und deren Abenteuerlust noch nicht gestillt ist, die es zufrieden sind, wie in einem angenehmen Traume durch die Welt zu gehen, statt sich jemals wieder ihrer harten Wirklichkeit bewußt zu werden. Wir sind Alchimisten, die noch aus Staub und Asche gern das Elixier der ewigen Jugend gewönnen, die gern die spröde Wahrheit in vielen leichten und luftigen Formen vom Grunde ihres Brunnens hervorlockten und die gern im niedrigsten und verachtetsten Stoff, der durch unseren Schmelzofen läuft, eine Krume Trost oder ein Korn Gutes entdeckten. Geister der Vergangenheit, Geschöpfe der Phantasie und Leute von heute sind alle gleichermaßen Gegenstände unseres Interesses, und wir können – anders als die meisten Philosophen hinsichtlich der Gegenstände ihres Forschens – garantieren, daß sie auch auf Befehl erscheinen.

Zuerst fingen nur der taube Gentleman und ich an, uns mit diesen Grillen die Zeit am Tage zu vertreiben und die Abende, indem wir sie einander mitteilten. Jetzt sind wir zu viert. Aber in meinem Zimmer stehen sechs alte Stühle, und wir haben beschlossen, daß auch die beiden leeren immer an unserem Tische stehen sollen, wenn wir vier zusammenkommen, um uns daran zu erinnern, daß wir unsere Gesellschaft noch um diese Zahl erhöhen könnten, wenn wir jemals zwei Männer nach unserem Geschmack finden sollten. Stirbt einer von uns, wird sein Stuhl stets am gewohnten Orte stehen, doch für immer unbesetzt bleiben; und ich habe mein Testament so aufsetzen lassen, daß das Haus – sind wir alle gestorben – verschlossen werden soll, die leeren Stühle immer noch an ihrem gewohnten Orte. Ich stelle mir gern vor, daß selbst dann vielleicht noch unsere Schatten wie einst zusammenkommen und geisterhafte Gespräche führen können.

Eine Nacht in jeder Woche, wenn die Glocke zehn schlägt, kommen wir zusammen. Beim zweiten Schlag von zwei bin ich allein.

Und soll ich euch nun sagen, wie es kam, daß meine alte Dienerin, außer daß sie uns die Zeit ankündigt und unserem Tun fröhliche Ermutigung zutickt, auch unserer Gesellschaft ihren Namen gab, die zu Ehren ihrer Pünktlichkeit und meiner Liebe »Master Humphreys Wanduhr« getauft ist? Soll ich euch nun sagen, wie unten auf den Boden des alten dunklen Kastens, in dem mit gesunder Geschäftigkeit gleichmäßig das Pendel pulst und schlägt – auch wenn der Puls dessen, der es gemacht, vor langer Zeit schon zum Stillstand gekommen ist und nie mehr schlagen wird –, wie also auf diesen Boden von unseren Händen immer wieder Stöße staubiger Papiere gelegt werden, auf daß wir unser Vergnügen mit meiner alten Freundin teilen und so die Mittel, uns die Zeit zu vertreiben, aus dem Herzen der Zeit selbst erhalten können? Soll ich oder kann ich sagen, mit wieviel heimlichem Stolz ich, wenn wir zur Nacht uns treffen, dies Behältnis öffne und immer neuen Vorrat an Vergnügen in meiner teuren alten Uhr finde?

Freundin und Gefährtin meiner Einsamkeit! Meine Liebe ist keine selbstsüchtige Liebe; ich will deine Verdienste nicht für mich behalten, sondern etwas wie eine freundliche Gedankenverbindung mit deinem Bild in der ganzen Welt verbreiten; ich möchte, daß die Menschen mit deinem Namen fröhliche und heilsame Gedanken verbinden; ich möchte, daß sie daran glauben, daß du treu und aufrichtig die Zeit angibst; und wie würde es mich freuen zu wissen, daß sie herzhafte englische Arbeit in Master Humphreys Wanduhr wiedererkennen!

DAS UHRGEHÄUSE

Es ist meine Absicht, meine Leser stets von der Kaminecke aus anzusprechen, und ich gäbe mich gern der Hoffnung hin, daß die Berichte, die ich ihnen über unseren Werdegang und unser Vorgehen, über unsere stillen Überlegungen oder unsere lebhafteren Abenteuer zu geben gedenke, nie unwillkommen sein werden. Damit ich jedoch nicht schon am Anfang zu weitschweifig werde, indem ich allzu lange bei unserer kleinen Gesellschaft verweile und jenen Enthusiasmus, mit dem ich dieses bedeutendste Glück meines Lebens betrachte, mit dem nur geringen Interesse verwechsle, welches die, an die ich mich wende, wahrscheinlich dafür aufbringen können, hielt ich es für angezeigt, hier abzubrechen, wie Sie gesehen haben.

Doch noch immer an meiner alten Freundin hängend und natürlicherweise begierig, daß alle ihre Verdienste bekannt würden, fühle ich mich versucht, das Uhrgehäuse (nicht ganz rechtmäßig und gegen unsere Gesetze, wie ich zugeben muß) zu öffnen. Die erste Rolle Papier, auf die ich meine Hand lege, trägt die Handschrift des tauben Gentleman. Von ihm werde ich in meinem nächsten Beitrag sprechen müssen, und wie kann ich mich dieser willkommenen Aufgabe besser nähern, als ihr ein Werk aus seiner eigenen Feder vorauszuschicken, der sicheren Verwahrung meiner ehrlichen Uhr von seinen eigenen Händen anvertraut?

Einführung in das Buch der Riesen-Chronik

Es war einmal, das heißt, es war wirklich einmal – das genaue Jahr, Monat und Tag sind nicht von Bedeutung – in der Stadt London ein gewichtiger Bürger, der in seiner Person die Würden eines Obstgroßhändlers, eines Ratsherrn, eines Gemeinderats und eines Mitglieds der verehrungswürdigen Zunft der Holzschuhmacher vereinte, der diesen außerordentlichen Auszeichnungen die wichtige Stellung und den Titel eines Polizeichefs hinzugefügt hatte und der schließlich, als Krönung des Ganzen, als nächster an der Reihe war für das hohe und ehrenwerte Amt des Oberbürgermeisters oder Lord Mayors der Stadt London.

Er war tatsächlich ein sehr gewichtiger Bürger: Sein Gesicht war wie der Vollmond im Nebel, darinnen zwei kleine Löcher herausgestochen waren für die Augen, geziert von einer sehr reifen Birne als Nase und einem breiten Riß darunter, der als Mund diente. Der Umfang seiner Taille war in der Werkstatt seines Schneiders aufgehängt und beschriftet worden als eine außerordentliche Kuriosität. Er atmete wie ein schwerer Schnarcher, und seine Stimme erklang so dumpf, wenn er sprach, als würde sie von Federbetten erdrückt und erstickt. Er schritt einher wie ein Elefant und aß und trank – wie niemand anders als ein Ratsherr, der er war.

Dieser würdige Bürger war von kleinen Anfängen zu seiner großen Bedeutung aufgestiegen. Er war einmal ein sehr dünner verhutzelter kleiner Junge gewesen, der nie davon geträumt hätte, ein solches Fleischgewicht auf seinen Knochen oder so viel Geld in seinen Taschen zu tragen, und der froh war, sein Essen an der Tür des Bäckers und seinen Tee an einer öffentlichen Wasserpumpe zu finden. Aber all das hatte er vor langer Zeit schon vergessen, wie es sich für einen Obstgroßhändler, Ratsherrn,

Gemeinderat, ein Mitglied der verehrungswürdigen Zunft der Holzschuhmacher, gewesenen Polizeichef und vor allem einen zukünftigen Lord Mayor schickte; und in seinem ganzen Leben hatte er es nicht vollkommener vergessen als am achten November des Jahres seiner Wahl in den großen goldenen städtischen Stuhl, dem Tag vor seinem prächtigen Festmahl in Guildhall.

Es trug sich zu, daß er an diesem Abend ganz allein in seinem Kontor saß, sich zu seinem persönlichen Vergnügen die Speisekarte für den nächsten Tag ansah und die fetten Kapaune zu fünfzigen abhakte und die Schildkrötensuppe zu hundert Quarten; – es trug sich zu, wie er da alleine saß, in diese angenehmen Berechnungen vertieft, daß ein fremder Mann hereintrat und ihn fragte, wie es ihm gehe, und hinzufügte: »Wenn ich mich nur halb so stark verändert habe wie Ihr Euch, Sir, dann werdet Ihr Euch meiner nicht mehr entsinnen, da bin ich sicher.«

Der Fremde war nicht gerade übertrieben gut gekleidet und war weit davon entfernt, dick zu sein oder reich auszusehen in irgendeiner Bedeutung des Wortes, aber er sprach mit einem bescheidenen Selbstvertrauen und hatte das leichte Auftreten des Gentleman, das von Rechts wegen nur einem reichen Manne zustand. Davon abgesehen, unterbrach er unseren guten Bürger gerade in dem Augenblick, als dieser dreihundertundzweiundsiebzig fette Kapaune gezählt hatte und sie in die nächste Spalte übertrug; und als wäre das nicht ärgerlich genug, war auch erst vor zehn Minuten der studierte Protokollführer der Stadt London durch dieselbe Tür hinausgegangen, hatte sich umgewandt und gesagt: »Gute Nacht, Euer Lordschaft.« Ja, er hatte gesagt »Euer Lordschaft« – er, ein Mann von Herkunft und Erziehung, Mitglied der Ehrenwerten Gesellschaft des Middle Temple, ein Barrister; er, der einen Onkel im Unterhaus und eine Tante fast, aber nicht ganz (denn sie hatte einen schwächlichen Peer ge-

Große Eisenuhr um 1600, bemalt, mit Automat

heiratet und zwang ihn zu stimmen, wie sie es wollte) im Oberhaus hatte; er, dieser Mann, dieser gebildete Protokollführer, hatte gesagt »Euer Lordschaft«. »Ich werde nicht bis morgen warten, um Euch Euren Titel zu geben, mein Lord Mayor«, sprach er, mit einer Verbeugung und einem Lächeln, »Ihr seid Lord Mayor *de facto,* wenn auch noch nicht *de jure.* Gute Nacht, Euer Lordschaft.«

Der designierte Lord Mayor dachte daran, wandte sich an den Fremden und wies ihn streng an, »dieses private Kontor zu verlassen«, übertrug die dreihundertundzweiundsiebzig fetten Kapaune und fuhr fort mit der Zählung.

»Erinnert Ihr Euch«, sagte der andere und trat einen Schritt vor, »erinnert Ihr Euch nicht an den kleinen Joe Toddyhigh?«

Der Portwein entwich für einen Augenblick der Nase des Obsthändlers, als er stammelte: »Joe Toddyhigh! Was ist mit Joe Toddyhigh?«

»*Ich* bin Joe Toddyhigh«, rief der Besucher. »Schaut mich an, schaut mich genauer an – noch genauer, noch genauer. Kennt Ihr mich jetzt? Kennt Ihr den kleinen Joe wieder? Was für eine Freude für uns beide, daß wir uns die Nacht vor Eurem großen Tage wiedersehen! Oh! Gib mir deine Hand, Jack – beide, um alter Zeiten willen.«

»Ihr drückt zu toll, Sir. Ihr tut mir weh«, sagte der designierte Lord Mayor weinerlich. »Nicht – denkt doch, wenn jemand kommt – Mr. Toddyhigh, Sir.«

»Mr. Toddyhigh!« wiederholte der andere wehmütig.

»Ach, laßt doch«, sagte der designierte Lord Mayor und kratzte sich den Kopf. »Du meine Güte! Ich dachte, du wärst schon tot. Was bist du doch für ein Kerl!«

Das war tatsächlich eine saubere Bescherung, ein würdiger Anlaß für den Ton von Ärger und Enttäuschung, mit dem der Lord Mayor sprach. Joe Toddyhigh war als Junge in Hull genauso arm wie er gewesen und hatte oftmals seinen letzten Penny und seine letzte Brotkruste mit ihm geteilt, um seine Not zu lindern; denn wenn Joe damals auch ein mittelloses Kind war, so war er doch so treu und so herzlich in seiner Freundschaft, wie nur je ein Mann von Macht und Ansehen es sein könnte. Eines Tages trennten sie sich, um ihr Glück in unterschiedlichen Richtungen zu suchen. Joe ging zur See, und der heute wohlhabende Bürger bettelte sich nach London durch. Sie trennten sich unter vielen Tränen, närrische Jungen, die sie waren, und gelobten, stets die besten Freunde zu bleiben und, falls sie am Leben blieben, einander bald wieder ausfindig zu machen.

Als Laufjunge und selbst in den ersten Tagen seiner Lehrlingszeit war der Bürger viele Male mühsam zum Postamt gestapft, um nach Briefen vom armen Joe zu fragen, und mit Tränen in den Augen wieder heimgegangen, als er keine Nachricht von seinem einzigen Freunde fand. Aber die Welt ist weit, und es dauerte lange, bis der Brief kam; als er da war, war der Schreiber vergessen. Das Weiß des Briefes vergilbte, während er auf dem Postamt lag und keiner ihn abholte, und endlich wurde er mit fünfhundert anderen zerrissen und als Makulatur verkauft. Und jetzt endlich, als es am wenigsten zu erwarten war, jetzt tauchte dieser Joe Toddyhigh auf und bestand darauf, eine bedeutende öffentliche Persönlichkeit zu kennen, die am nächsten Tage mit dem Premierminister von England Witze reißen würde und die in den nächsten zwölf Monaten nur den Mund aufzumachen brauchte, um Temple Bar zu schließen und dem König selbst den Durchgang zu verbieten!

»Ich weiß wirklich nicht, was ich sagen soll, Mr. Toddyhigh«, sagte der designierte Lord Mayor, »ich weiß es wirklich nicht. Es kommt mir sehr ungelegen. Lieber hätte ich zwanzig Pfund gegeben – es kommt mir wirklich sehr ungelegen.«

Es war in ihm der Gedanke aufgetaucht, daß sein alter

Freund vielleicht etwas Hitziges sagen würde, das ihm einen Grund liefern würde, selbst zornig zu werden. Doch nichts dergleichen. Joe sah ihn unbewegt, doch ganz sanft an und öffnete nicht seine Lippen.

»Natürlich werde ich Euch zahlen, was ich Euch schulde«, sagte der designierte Lord Mayor und rutschte unruhig auf seinem Stuhl herum. »Ihr habt mir – ich glaube, es war ein Shilling oder sonst eine kleine Münze – geliehen, als wir uns trennten, und den zahle ich Euch selbstredend gut verzinst zurück. Ich kann allen meinen Verbindlichkeiten nachkommen und hab' das auch immer getan. Wenn Ihr übermorgen im Mansion House vorbeischaut – nach Einbruch der Dunkelheit – und nach meinem Privatsekretär verlangt, dann werdet Ihr sehen, daß er einen Wechsel für Euch hat. Ich habe jetzt keine Zeit, um noch mehr zu sagen, außer –« er zögerte, denn gepaart mit dem drängenden Wunsch, einmal in seinem vollen Glanze vor den Augen seines früheren Gefährten dazustehn, war ein gewisses Mißtrauen gegen dessen äußere Erscheinung, die noch schäbiger sein mochte, als sich das bei diesem schwachen Lichte sagen ließ – »außer Ihr wolltet morgen zu dem Festessen kommen. Hier, nehmt nur diese Karte, wenn Ihr sie haben wollt. Eine ganze Menge Leute würden ihre Ohren drum geben, das kann ich Euch sagen.«

Ohne ein Wort zu sagen, nahm sein alter Freund die Karte und verließ ihn. Sein sonnverbranntes Gesicht und graues Haar waren dem Bürger noch einen Augenblick lang gegenwärtig; aber als er bei dreihundertundeinundachtzig fetten Kapaunen angelangt war, da hatte er ihn schon ganz vergessen.

Joe Toddyhigh war noch nie zuvor in der Hauptstadt Europas gewesen, und am Abend wanderte er die Straßen hinauf und hinunter und wunderte sich über die vielen Kirchen und anderen öffentlichen Gebäude, die Pracht der Geschäfte, die Reichtümer, die sich auf allen Seiten türmten, den grellen Lichtschein, in dem sie zur Schau gestellt waren, und die Ansammlung von Leuten, die eilig hin und her hasteten, offenbar ganz gleichgültig gegenüber all dem Wunderbaren, das sie umgab. Aber in den langen Straßen und auf den weiten Plätzen gab es nur fremde Menschen, und er war sehr erleichtert, als er in eine Seitenstraße bog und auf dem Pflaster seine eigenen Schritte hörte. Er ging heim in seine Herberge, dachte, daß London ein trostloser öder Ort sei, und fühlte sich geneigt, daran zu zweifeln, daß es in der gesamten verehrungswürdigen Zunft der Holzschuhmacher auch nur einen einzigen Mann gab, der das Herz auf dem rechten Fleck hatte. Endlich begab er sich zu Bett und träumte, daß er und der designierte Lord Mayor wieder Kinder wären.

Am nächsten Tag begab er sich zu dem Festmahl; und als sein ehemaliger Freund in einem Feuerwerk von Licht und Musik, inmitten prächtigen Saalschmucks und umgeben von strahlender Begleitung, am Kopf des Saales erschien und mit lauten Rufen und Beifall willkommen geheißen wurde, da rief und klatschte er mit den Lautesten und hätte einen Moment lang weinen mögen. Im nächsten Moment jedoch verfluchte er seine Schwäche für einen Mann, der so verändert und selbstsüchtig war, und wurde von einem rechten Haß erfüllt auf einen gemütlich aussehenden alten Herrn ihm gegenüber, als dieser sich mit stolzgeschwellter Brust als Holzschuhmacher zu erkennen gab.

Mit dem Fortschreiten des Banketts nahm er sich des reichen Bürgers Lieblosigkeit immer mehr zu Herzen, und das nicht aus Neid, sondern weil er meinte, daß ein Mann von seinem Stand und Reichtum es sich nur um so eher leisten können müßte, einen alten Freund als solchen zu erkennen, und sei er noch so arm und unbedeutend. Je mehr er daran dachte, um so einsamer und trauriger fühlte er sich. Als die Gesellschaft sich auflöste und in den Ballsaal übersiedelte, wanderte er allein durch den Saal und die Korridore und grübelte in einem sehr melancholischen Zustand über die Enttäuschung nach, die ihm widerfahren war.

Nun geschah es, daß er – wie er so in dieser trübsinnigen Laune umherwanderte – auf einen Treppenaufgang stieß, dunkel, steil und eng, den er, ohne sich einen Gedanken darüber zu machen, hinanstieg, und daß er auf diese Art in eine kleine, leere und verlassene Musikgalerie geriet. Von diesem erhöhten Posten aus, der den ganzen Saal überblickte, vergnügte er sich damit, der Dienerschaft zuzusehen, wie sie die Überreste des Festes mit recht wenig Eifer abräumte und mit höchst löblicher Ausdauer aus allen Flaschen und Gläsern trank.

Nach und nach erlahmte seine Aufmerksamkeit, und er schlief ein.

Als er erwachte, dachte er, daß mit seinen Augen etwas nicht in Ordnung sei; doch als er sie ein wenig gerieben hatte, erkannte er bald, daß wirklich Mondlicht durch das östliche Fenster strömte, daß die Lampen alle gelöscht und er allein war. Er lauschte, aber kein fernes Murmeln in den hallenden Gängen, nicht einmal das Schließen einer Tür brach das tiefe Schweigen; er tastete sich seinen Weg die Treppe hinunter und fand die Tür an ihrem Fuße von der anderen Seite versperrt vor. Da ging ihm langsam auf, daß man ihn übersehen und für die Nacht dort eingeschlossen hatte.

Seine vielleicht erste Empfindung war eine nicht gänzlich angenehme, denn es war ein dunkler, frostiger, erdig riechender Ort und etwas zu groß, als daß ein Mann in seiner Lage sich darin hätte zu Hause fühlen können. Als jedoch die erste Bestürzung, die diese Überraschung auslöste, vorüber war, nahm er den Vorfall auf die leichte Schulter, beschloß, sich wieder die Stiegen hinaufzutasten und es sich so gut es ging bis zum Morgen in der Galerie bequem zu machen. Als er sich umwandte, seine Absicht auszuführen, schlug die Glocke eben drei.

Jedes Durchbrechen einer Totenstille – und wenn es das Schlagen ferner Uhren ist – läßt die Stille, wenn der Klang verstummt, noch schwerer und noch unerträglicher erscheinen. Mit gespannter Aufmerksamkeit lauschte er daher in der Hoffnung, daß irgendeine Uhr, die hinter ihren Kollegen herhinkte, noch schlagen werde; gleichzeitig starrte er in die tiefe Finsternis vor sich, bis sie sich zu einem schwarzen Stoff zu weben schien, gemustert mit hundert Spiegelungen seiner eigenen Augen. Aber diesmal hatten alle Glocken ihre Warnung bereits geläutet, und die Windstöße, die durchs Haus ächzten, schienen kalt und schwer mit ihrem eisernen Atem.

Zeit und Umstände waren dem Nachdenken günstig. Er bemühte sich, seine Gedanken in der Richtung weiterzuführen, in der sie sich – so unangenehm sie auch war – den ganzen Tag über bewegt hatten, und sich vorzuhalten, mit welch romantischem Gefühl er sich darauf gefreut hatte, seinem alten Freunde vor seinem Tode noch die Hand zu schütteln, und welch weiter und grausamer Unterschied da war zwischen dem Treffen, das sie gehabt, und dem, das er sich so oft ausgemalt hatte. Doch das Erwachen in so plötzlicher Einsamkeit hatte ihn verwirrt, und er konnte nicht verhindern, daß ihm seltsame Geschichten wieder einfielen, von Menschen mit unbezweifelbarem Mut, die, nächtens eingeschlossen in Gewölben oder Kirchen oder sonstigen trostlosen Orten, große Höhen erklettert hatten, nur um hinauszukommen, und die vor der Stille geflohen waren wie niemals sonst vor der Gefahr. Das erinnerte ihn wieder an das Mondlicht, das durchs Fenster fiel, und während er daran dachte, ertastete er sich seinen Weg zurück, hinauf die krummen

Stiegen – jedoch sehr leise, als hätt' er Angst, daß man ihn hörte.

Als er sich wieder der Galerie näherte, war er sehr verwundert, ein Licht im Gebäude zu sehen, und noch mehr, als er – hastig vorwärts schreitend und um sich blickend – keine sichtbare Quelle sah, von der es ausging. Doch wieviel größer noch war sein Erstaunen über den Anblick, der sich ihm in diesem Lichte bot.

Die Statuen von zwei Riesen, Gog und Magog, jede über vierzehn Fuß hoch, jene, die nach dem Großen Feuer von London noch ältere und rohere ersetzt hatten und bis zum heutigen Tag in der Guildhall stehen, waren mit Leben und Bewegung begabt. Diese Schutzgeister der Stadt hatten ihre Sockel verlassen und lehnten sich in gemütlicher Haltung im Erker mit den bunten Glasfenstern zurück. Zwischen ihnen stand ein altes Faß, das mit Wein gefüllt zu sein schien, denn der jüngere Riese hieb seine mächtige Pranke darauf, warf sein gewaltiges Bein hoch und brach in ein frohlockendes Gelächter aus, das durch den Saal hallte wie Donner.

Joe Toddyhigh zog instinktiv den Kopf ein und spürte, mehr tot als lebendig, wie ihm das Haar zu Berge stand, seine Knie zitterten und ihm der kalte Schweiß auf der Stirn ausbrach. Aber selbst jetzt überwog die Neugier alle anderen Gefühle, und nachdem er durch die gute Laune der Riesen und den Umstand, daß sie von seiner Anwesenheit offenbar nichts wußten, einigermaßen beruhigt war, duckte er sich in eine Ecke der Galerie, machte sich so klein wie nur möglich und beobachtete sie, indem er durchs Geländer lugte, aufs genaueste.

Erste Nacht des Buches der Riesen-Chronik

In diesem Augenblick erhob der ältere Riese, der einen fließenden grauen Bart hatte, seinen nachdenklichen

Blick auf das Antlitz seines Gefährten und sprach ihn mit ernster und feierlicher Stimme dergestalt an:

»Magog, schickt denn ungestüme Heiterkeit sich für den Riesen-Schutzgeist dieser alten Stadt? Ist das ein ziemendes Benehmen für einen wachsamen Geist, über dessen körperlosen Kopf so viele Jahre schon hinweggerollt, so viele Änderungen schon wie leere Luft gefegt sind, dessen äußerst feinen Nüstern der Geruch von Blut und Verbrechen, Pest, Grausamkeit und Entsetzen so vertraut ist wie Atem den Sterblichen, unter dessen Blicken die Zeit den Ertrag der Jahrhunderte gesammelt und so viele Ernten an menschlichem Stolz, an Neigungen, Hoffnungen und Leiden in den Speicher gebracht hat? Besinn dich unseres Paktes. Die Nacht verbleicht; Feste, lärmende Gelage und Musik haben die gewohnten Stunden der Einsamkeit übermäßig beansprucht, bald bricht der Morgen an. Eh' wir wieder stumm geworden, besinn dich unsres Paktes.«

Nachdem er diese letzten Worte mit mehr Ungeduld vorgebracht hatte, als eigentlich zu seiner scheinbaren Würde und seinem Alter paßte, hob der Riese einen langen Stab (den er noch in der Hand trägt) und klopfte damit seinem riesigen Amtsbruder kräftig auf den Kopf; in der Tat, so kräftig ward der Schlag ausgeführt, daß letzterer schnell seine Lippen vom Faß absetzte, aus dem er eben trinken wollte, und – Schild und Hellebarde ergreifend – eine Haltung der Verteidigung annahm. Doch sein Ärger war nur augenblicklich, denn er legte diese Waffen so schnell, wie er sie aufgenommen hatte, wieder beiseite und sagte dabei:

»Weißt du, Gog, alter Freund, wenn wir diese Gestalten, die die alten Londoner den Schutzgeistern ihrer Stadt (nicht unverdientermaßen) zuwiesen, mit Leben erfüllen, sind wir empfänglich für manche der Empfindungen, die dem Geschlecht der Menschen zugehören. So spüre ich

Schläge, wenn ich Wein koste; das eine genieße ich sehr, das andere gar nicht. Und da dein Arm auch nicht der leichteste ist, halt deinen guten Stab an deiner Seite, Gog, sonst könnten wir uns streiten. Laß Friede zwischen uns herrschen!«

»Amen!« sagte der andere und lehnte seinen Stab in die Fensterecke. »Warum lachtest du jetzt eben?«

»Ich dachte«, erwiderte der Riese Magog und legte seine Hand aufs Faß, »an den, der einstens diesen Wein besaß, ihn dreißig Jahre in einem Keller vor dem Tageslicht verbarg, ›bis man ihn trinken könne‹, so sprach er. Zweimal zwanzig und zehn Jahre war er alt, als er ihn unter seinem Haus vergrub, und doch fiel es ihm nie ein, daß er selbst vielleicht nicht trinken können würde, wenn man den Wein trinken können würde. Ich bin verwundert darüber, daß es ihm nie einfiel, daß man ihn selbst essen können würde! Jetzt ist nämlich nur mehr sehr wenig von ihm übrig.«

»Die Nacht verbleicht«, sagte Gog klagend.

»Ich weiß«, entgegnete sein Gefährte, »und ich sehe, daß du ungeduldig bist. Doch sieh nur: Durch das Fenster im Osten – dem wir genau gegenübersitzen, auf daß die ersten Strahlen der aufgehenden Sonne jeden Morgen unsere Riesenantlitze vergülden mögen – fallen die Mondstrahlen in einem Lichtstrom auf die Fliesen, den ich in meiner Phantasie durch den kalten Stein sinken und in die alte Krypta darunter sich ergießen sehe. Die Nacht hat kaum ihren Höhepunkt überschritten, und unser großer Schützling schläft noch tief.«

Sie verstummten und blickten empor zum Mond. Der Anblick ihrer großen, schwarzen, rollenden Augen erfüllte Joe Toddyhigh mit solchem Entsetzen, daß er kaum Atem holen konnte. Doch noch immer bemerkten sie ihn nicht und glaubten sich anscheinend völlig allein.

»Unser Pakt«, sagte Magog nach einer Pause, »besagt,

wenn ich ihn recht verstehe, daß wir, anstatt hier schweigend die öden Nächte zu durchwachen, einander mit Geschichten früherer Begebenheiten unterhalten; mit Erzählungen aus Vergangenheit, Gegenwart und Zukunft; mit Erzählungen aus den alten einfachen Zeiten über London und seine rüstigen Bürger. Daß wir zu jeder Mitternacht, wenn die Glocke von St. Paul einmal schlägt und wir sprechen und uns rühren können, uns auf diese Weise unterhalten und dieses Thema nicht verlassen, bis daß der erste graue Strahl des Tages uns wieder sprachlos werden läßt. Bruder, ist das unser Abkommen?«

»Ja«, sagte der Riese Gog, »das ist der Handel zwischen uns, die wir diese Stadt beschützen, bei Tage im Geiste und bei Nacht auch mit unseren Körpern; und selbst an den Feiertagen des Altertums ist der Wein nie fröhlicher durch ihre Leitungen geflossen, als wir unser legendäres Sagengut hier verströmen wollen. Wir sind alte Chronisten seit jenen Zeiten. Die zerfallenen Mauern schließen uns von neuem ein, die Ausfalltore sind geschlossen, die Zugbrücke ist oben, und gestaut in seinem engen Bett darunter schäumt und ringt das Wasser mit den eingelassenen Pfeilerköpfen. Wamse und Bauernknüppel sind wieder auf den Straßen, die Nachtwache ist aufgestellt; der Rebell, traurig und einsam in seinem Verlies im Tower, versucht zu schlafen und weint um Heim und Kinder. Hoch oben über den Toren und Wällen sind edle Köpfe aufgespießt, die grimmig auf die träumende Stadt starren und die hungrigen Hunde aufbringen, die sie in der Luft wittern und mit trostlosem Heulen die Erde darunter aufwühlen. Das Beil, der Block, die Folterbank in ihren dunklen Kammern tragen Zeichen von kürzlichem Gebrauch. Die Themse, die an langen Reihen freundlicher Fenster, aus denen Musik und Licht hervorströmen, vorbeifließt, schwemmt plötzlich mit der Flut an die Wände des Palastes die letzten roten Flecken vom Tor der Verräter. Doch Vergebung, Bruder. Die Nacht verstreicht, und ich mache müßige Worte.«

Der andere Riese schien dieser Meinung zu sein, denn die ganze vorausgehende Rhapsodie seines Mitwächters hindurch hatte er sich den Kopf gekratzt mit einem Ausdruck komischen Unbehagens, oder vielmehr wäre sein Ausdruck bei einem Zwerg oder einem Menschen gewöhnlicher Größe sehr komisch gewesen. Er zwinkerte auch, und obwohl keinen Augenblick daran gezweifelt werden konnte, daß er sich selbst zuzwinkerte, schaute sein riesiges Auge vielsagend zur Galerie hinauf, wo der Lauscher verborgen war. Und das war noch nicht alles, denn er sperrte den Mund auf; und als er das tat, da fühlte sich Joe gräßlich an den volkstümlichen Aberglauben in bezug auf Riesen erinnert und an ihre berüchtigte Fähigkeit, Engländer zu wittern, so gut versteckt diese auch sein mochten. Sein Schreck war so groß, daß er beinahe das Bewußtsein verloren hätte, und es dauerte eine Weile, bis er wieder sehen und hören konnte. Als er wieder ganz bei sich war, bemerkte er, daß der ältere Riese in den jüngeren drang, mit dem Buch der Chronik zu beginnen, und daß der jüngere versuchte, sich damit zu entschuldigen, daß die Nacht zu weit fortgeschritten sei und es besser wäre, bis zur nächsten zu warten; was ihn völlig davon überzeugte, daß dieser nun sofort beginnen würde, und so sammelte der Lauscher unter großer Anstrengung seine Sinne und hörte klar und deutlich, wie Magog folgendes zum besten gab:

Im sechzehnten Jahrhundert, unter der Herrschaft von Königin Elisabeth des glorreichen Angedenkens (wenn auch ihre goldenen Tage arg mit Blut befleckt sind), da lebte in der Stadt London ein kühner junger Lehrling, der seines Meisters Tochter liebte. Ohne Zweifel gab es innerhalb der Stadtmauern eine ganze Reihe von Lehrlingen in

Geschlossene Eisenuhr mit Glockenspiel um 1600,
mit bemaltem Gehäuse, mit offenem, auf vier kannelierten,
vergoldeten Säulen ruhendem Glockenstuhl

der nämlichen Gemütsverfassung; aber ich spreche nur von einem, und sein Name war Hugh Graham.

Dieser Hugh war bei einem ehrlichen Bogner in der Lehre, der im Viertel von Cheype wohnte und von dem das Gerücht ging, daß er sehr reich sei. Gerüchte waren in diesen Tagen ganz genau so unfehlbar wie heute, aber damals wie heute kam es manchmal vor, daß sie durch Zufall recht hatten. Und wenn es dem alten Bogner einen Haufen Geld zusprach, dann war es zufällig auf die Wahrheit gestoßen. Sein Gewerbe war unter Heinrich VIII., der das englische Bogenschießen ganz ungemein gefördert hatte, sehr einträglich und er sehr klug und vorsichtig gewesen. Und so ergab es sich, daß Mistress Alice, seine einzige Tochter, in diesem wohlhabenden Viertel die reichste Erbin war. Der junge Hugh hatte oft mit Stock und Knüppel die Meinung vertreten, daß sie auch die schönste war. Und um seinetwillen glaube ich, daß sie es war.

Hätte er das Herz der hübschen Mistress Alice dadurch gewinnen können, daß er diese Überzeugung in verstockte Schädel bleute, dann hätte Hugh nichts zu fürchten gehabt. Aber obwohl des Bogners Töchterchen heimlich lächelte, wenn sie von den beherzten Taten hörte, die er um ihretwillen vollbrachte, und obwohl ihre kleine Kammerfrau Hugh jedes Lächeln (und noch viele andere dazu) berichtete, und obwohl er riesige Ausgaben an Küssen und kleinen Münzen hatte, um der Kammerfrau ihre Treue zu lohnen, machte er in seiner Liebe keine Fortschritte. Er wagte nicht, Mistress Alice davon ins Ohr zu flüstern, ohne daß sie ihn dazu ermutigte, und diese Ermutigung kam nie. Ein Blick aus ihren dunklen Augen, wenn sie an Sommerabenden nach der Betzeit vor dem Tor saß, während er und die Lehrlinge aus der Nachbarschaft mit stumpfem Schwert und Schild sich auf der Straße übten, machte Hugh so feurig, daß keiner ihm standhalten konnte; aber dann schaute sie auch andere nicht weniger freundlich an als ihn. Und wozu war's denn gut, Schädel einzuschlagen, wenn Mistress Alice den Geschlagenen genauso zulächelte wie dem Schläger?

Doch Hugh gab nicht auf, sondern liebte sie nur immer heftiger. Den ganzen Tag lang dachte er an sie, die ganze Nacht lang träumte er von ihr. Jedes ihrer Worte, jede ihrer Gesten waren ihm teuer, und sein Herz erzitterte, wenn er ihren Schritt auf den Stiegen oder ihre Stimme in einem Nebenzimmer hörte. Für ihn lebte in des Bogners Haus ein Engel, Zauber lag in der Luft und in den Räumen, in denen sie sich bewegte. Kein Wunder wär's für Hugh gewesen, wenn aus dem mit Binsen bestreuten Boden unter den Füßen der reizenden Mistress Alice Blumen gesprossen wären.

Nie sehnte sich jemals ein Lehrling so brennend danach, sich vor den Augen seiner Angebeteten auszuzeichnen wie Hugh. Manchmal malte er sich aus, wie das Haus bei Nacht Feuer fangen und er, wenn alle anderen in Angst zurückwichen, durch Rauch und Flamme drängen und sie in seinen Armen aus den Trümmern tragen würde. Dann wieder dachte er an einen Aufstand rasender Rebellen, einen Angriff auf die Stadt, einen kräftigen Ansturm eigens auf des Bogners Haus, um selbst, von zahllosen Wunden durchbohrt, die er bei der Verteidigung von Mistress Alice empfangen haben würde, auf der Schwelle zu fallen. Wenn er nur ein Wunder an Tapferkeit, irgendeine wahrhaft große Tat verrichten und sie wissen lassen könnte, daß sie der Anlaß war, dann, dachte er, würde er zufrieden sterben.

Manchmal gingen der Bogner und seine Tochter mit einem würdigen Bürger zum Abendessen aus, zur vornehmen Stunde um sechs Uhr abends, und bei solchen Anlässen geleitete sie Hugh, der den blauen Lehrlingsmantel so kühn trug, wie es ein Lehrling nur vermochte, mit einer Laterne und seinem treuen Knüppel sicher nach Hause. Das waren die herrlichsten Augenblicke seines Lebens. Das Licht zu halten, während Mistress Alice vorsichtig voranschritt, ihre Hand zu berühren, wenn er ihr über ein Stück schlechten Weges half, zu spüren, wie sie sich gegen seinen Arm lehnte – selbst dazu kam es manchmal! –, das war in der Tat das reinste Glück.

Wenn die Abende schön waren, dann folgte Hugh hinterdrein, die Augen auf die liebliche Gestalt von des Bogners Tochter geheftet, wie sie und der alte Mann vor ihm dahingingen. So zogen sie durch die schmalen gewundenen Straßen der Stadt, hier unter den überhängenden Giebeln der alten Holzhäuser entlang, von denen knarrende Schilder auf die Straße heraushingen, da aus einem dunklen, unheimlichen Torweg ins helle Mondlicht tretend. Dann – oder auch, wenn laute Schreie vereinzelter Nachtschwärmer an ihr Ohr drangen – blickte des Bogners Tochter schüchtern zu Hugh zurück und flehte ihn an, doch näher zu kommen; ach, wie er dann seinen Knüppel faßte und sich danach sehnte, mit einem Dutzend Wüstlingen zu raufen, um der Liebe Mistress Alicens willen!

Der alte Bogner pflegte den jungen Kavalieren bei Hofe Geld gegen Zinsen zu verleihen, und daher kam es, daß gar manch prächtig gekleideter Gentleman vor seinem Tore abstieg. Man sah in der Tat mehr wehende Federbusche und kühne Hengste vorm Haus des Bogners, und mehr bestickte Seiden und Samte funkelten in seinem dunklen Laden und der noch dunkleren privaten Kammer, als bei irgendeinem anderen Krämer in der Stadt. In den damaligen Zeiten schien es nicht weniger als heutzutage so, als ob die am prächtigsten aussehenden Kavaliere oft das Geld am dringendsten brauchten.

Unter diesen glitzernden Kunden gab es einen, der immer allein kam. Er war wohlberitten, und da er keinen Knecht hatte, gab er sein Pferd immer in Hughs Obhut, während er und der Bogner drinnen ihre vertraulichen Besprechungen abhielten. Als er einst in den Sattel sprang, saß Mistress Alice an einem der oberen Fenster, und bevor sie sich zurückziehen konnte, hatte er die juwelenbesetzte Mütze abgerissen und ihr einen Handkuß zugeworfen. Hugh sah ihm nach, wie er die Straße hinunter karakolierte, und brannte vor Empörung. Doch wieviel stärker ward die Glut, die seine Wangen rötete, als er die Augen zum Flügelfenster erhob und bemerkte, daß auch Alice dem Fremden nachblickte!

Er kam wieder und kam öfter, jedesmal noch prächtiger gekleidet als zuvor; und immer zeigte ihm das kleine Flügelfenster Mistress Alice. Und schließlich, eines schweren Tages, floh sie von zu Hause fort. Es hatte sie einen harten Kampf gekostet, denn alle Geschenke ihres Vaters lagen in ihrer Kammer verstreut, als hätte ste von jedem einzelnen Abschied genommen und gewußt, daß einmal die Zeit kommen würde, wo diese Zeichen seiner Liebe ihr das Herz brechen müßten – aber sie war fort.

Sie hinterließ einen Brief, in dem sie ihren armen Vater Hugh ans Herz legte und ihm wünschte, er möge glücklicher sein, als er jemals mit ihr hätte werden können, denn er verdiene die Liebe eines besseren und reineren Herzens, als sie es zu verschenken habe. Es stünde nicht in ihrer Macht, so schrieb sie, des alten Mannes Verzeihung zu erflehen, doch bete sie zu Gott, er möge ihn segnen – und so schloß sie, mit einem Flecken auf dem Papier, wohin ihre Tränen gefallen waren.

Zuerst entflammte Zorn den alten Mann, und er trug sein Unrecht vor den Thron der Königin selbst; doch gab es, wie er bei Hof erfuhr, keine Möglichkeit der Rechtshilfe, denn seine Tochter sei ins Ausland gebracht worden. Dies erwies sich später als wahr, denn nach einer Pause von einigen Jahren traf ein Brief aus Frankreich ein, von ihrer Hand. Er war in zittrigen Buchstaben geschrieben und kaum zu lesen. Wenig konnte man daraus erfahren, außer daß sie oft an zu Hause dachte und an ihre alte teure gemütliche Kammer – und daß sie geträumt habe, ihr Vater sei tot und hätte sie nicht gesegnet, – und daß ihr das Herz breche.

Der arme alte Bogner schleppte sich dahin, nie durfte Hugh ihm aus den Augen, denn jetzt wußte er, daß dieser seine Tochter geliebt hatte, und das war das einzige Bindeglied, das ihn in der Welt hielt; doch schließlich brach es, und er starb. Er vermachte seinem alten Lehrling seine Werkstatt und all seinen Reichtum und nahm ihm mit seinem letzten Atemzug das feierliche Versprechen ab, sein Kind zu rächen, falls der, der an ihrem Elend schuld war, jemals im Leben seinen Weg noch einmal kreuzen sollte.

Seit Alice geflohen war, sahen der Turnierboden, die Felder, die Fechtschule, die Wettkämpfe an den Sommerabenden Hugh nicht mehr. Seine Lebensgeister waren wie erstorben. Er stieg zu großem Ansehen und Gewicht unter den Bürgern auf, doch kaum je sah man ihn lächeln und nie nahm er an ihren Feiern und Gelagen teil. Aufrecht, menschlich und großmütig, wurde er von allen geliebt. Doch wer seine Geschichte kannte, der hatte auch Mitleid mit ihm; und deren waren so viele, daß selbst das grobe gemeine Volk, wenn er des Abends allein durch die Straßen ging, seine Mützen abnahm und seinem Respekt einen rauhen Ausdruck des Mitgefühls beimischte.

Eines Nachts im Mai – es war ihr Geburtstag und zwanzig Jahre her, seit sie ihr Heim verlassen hatte – saß Hugh Graham in der Kammer, die sie ihm in seinen Jugendtagen geheiligt hatte. Er war jetzt ein grauhaariger Mann, wenn auch in den besten Jahren. Alte Gedanken hatten ihm viele Stunden lang Gesellschaft geleistet, und in der Kammer war es nach und nach ganz dunkel geworden, als ein leises Klopfen an der Außentür ihn aufschreckte.

Er lief hinunter, öffnete und sah im Scheine einer Lampe, die er auf dem Weg schnell mitgenommen hatte, eine weibliche Gestalt im Eingang kauern. Rasch huschte sie an ihm vorbei und glitt die Treppe hinauf. Er hielt nach Verfolgern Ausschau. Es waren keine in Sicht. Nein, kein einziger.

Er war geneigt, alles für eine Ausgeburt seiner Phantasie zu halten, als ihm plötzlich ein vager Verdacht der Wahrheit dämmerte. Er verriegelte das Tor und hastete erregt zurück. Ja, da war sie – da, in der Kammer, die er verlassen hatte – da, in ihrem alten unschuldigen, glücklichen Heim, so verändert, daß niemand außer ihm noch eine Spur dessen erblicken konnte, was sie früher gewesen war – da war sie, auf den Knien, die Hände in Scham und Verzweiflung vor das brennende Gesicht geschlagen.

»O mein Gott, mein Gott!« rief sie, »jetzt laß mich sterben! Hab' ich auch Tod und Schande und Kummer über dieses Haus gebracht, o laß mich gnädig zu Hause sterben!«

Ihr Gesicht war tränenlos, sie zitterte und blickte sich in der Kammer um. Alles war an seinem alten Orte. Ihr Bett sah aus, als wäre sie erst an diesem Morgen daraus aufgestanden. Der Anblick dieser vertrauten Gegenstände, die das teure Andenken bewiesen, in dem sie hier gehalten wurde, und das Bewußtsein des Unglücks, das sie über sich selbst gebracht hatte, waren mehr, als ihr gutes Herz, das sie hierhergeführt, ertragen konnte. Sie weinte und fiel zu Boden.

In wenigen Tagen schon lief das Gerücht um, daß des Bogners herzlose Tochter heimgekommen sei und Master Graham sie in sein Haus aufgenommen habe. Man munkelte auch, daß er ihr ihr Erbe abgetreten habe, damit sie es für mildtätige Zwecke verwenden könne, und daß er geschworen habe, sie in ihrer Einsamkeit zu schützen, daß sie einander aber nie mehr sehen sollten. Diese Gerüchte brachten alle tugendhaften Ehefrauen und Töchter in dem Viertel gewaltig in Harnisch; besonders, als sie eine Art Bestätigung dieser Umstände darin sahen, daß Master Graham seine Wohnung in einem anderen Hause nahebei nahm. Doch die Achtung, die man für ihn überall hegte, verbot es, ihn darüber auszufragen; und da des Bogners Haus fest verschlossen war, und da sich niemand bei den öffentlichen Spektakeln und Feierlichkeiten zeigte, niemand auf den öffentlichen Spazierwegen prunkte oder bei den Seidenhändlern neue Moden einkaufte, kamen alle Damen von ordentlichem Lebenswandel unter sich überein, daß sich keine Frau hier befinden konnte.

Diese Berichte waren kaum verklungen, als das Staunen eines jeden guten Bürgers, ob männlich oder weiblich, durch eine Königliche Proklamation vollkommen in Beschlag genommen wurde, in der Ihre Majestät streng die Gewohnheit, lange spanische Rapiere von unnatürlicher Länge zu tragen (als eine prahlerische und gewalttätige Sitte, die zu Blutvergießen und öffentlicher Ruhestörung führte), verurteilte und den Befehl gab, daß sich an einem bestimmten Tag, der hierin angeführt wurde, bestimmte gewichtige Bürger zu den Stadttoren begeben und dort in aller Öffentlichkeit sämtliche Rapiere brechen sollten, die von Einlaß heischenden Personen getragen oder geführt wurden und die Länge von drei Fuß Standard, sei es auch nur um einen Zoll, überschritten.

Königliche Proklamationen nehmen meistens ihren Lauf, da mag sich das Volk noch so sehr wundern. Am festgesetzten Tag nahmen zwei Bürger von höchstem Ansehen Stellung an jedem der Tore, von einer Gruppe der Stadtwehr begleitet, deren Hauptteil den Willen der Königin durchsetzen und all die Rebellen (falls es solche geben sollte), die die Kühnheit hatten, diese Maßnahme anzufechten, in Gewahrsam nehmen sollte, und von der einige das Standardmaß und das Werkzeug trugen, um alle ungesetzlichen Degenklingen auf das vorgeschriebene Maß zu verkürzen. In Befolgung dieser Anordnung wurden Master Graham und ein weiterer Bürger am Lud-Tor postiert, auf den Hügel vor der St. Pauls-Kathedrale.

Eine recht zahlreiche Gesellschaft hatte sich an diesem Orte versammelt; denn außer den Amtsträgern, die die Proklamation durchzusetzen hatten, gab es auch eine bunte Menge von Zuschauern der verschiedensten Stände, die von Zeit zu Zeit in solche Rufe und Schreie ausbrachen, als die Umstände es verlangten. Ein schmucker junger Höfling näherte sich als erster: Er zog aus der Scheide eine Waffe aus poliertem Stahl, die in der Sonne leuchtete und funkelte, und reichte sie mit dem gelangweiltesten Ausdruck dem Amtsträger, der sie, da sie genau drei Fuß maß, mit einer Verneigung zurückgab. Worauf der Kavalier seinen Hut zog, »Gott schütze die Königin!« rief und unter dem Beifall der Menge weiterritt. Dann kam ein zweiter – ein noch prächtigerer Höfling – mit einer Klinge, die nur zwei Fuß maß, worüber die Leute lachten, was der Würde Seiner Ehren sehr zum Nachteil gereichte. Dann kam ein dritter, ein rüstiger alter Armeeoffizier, gegürtet mit einem Rapier, das mindestens eineinhalb Fuß über das Belieben Ihrer Majestät hinausragte; gegen ihn erhoben sie großes Geschrei, und viele unter den Zuschauern (aber besonders jene, die Waffenmeister und Klingenschmiede waren) lachten sehr herzhaft über den nun zu erwartenden Bruchschaden. Doch sie wurden enttäuscht, denn der alte Haudegen legte kühl seinen Degen ab, trug seinem Diener auf, ihn nach Hause zu tragen, und ging unbewaffnet durchs Tor, zur großen Empörung aller Zuschauer. Sie machten sich ein wenig Luft, indem sie einem großen prahlerischen Kerl mit einer verschwenderisch langen Waffe zujohlten, der stehenblieb, sobald er der Vorbereitungen ansichtig wurde, und sich nach kurzem Nachdenken wieder umwandte. Aber diese ganze Zeit über war noch kein Rapier gebrochen worden, obwohl es schon Mittag war und alle Kavaliere von gutem An- und Aussehen sich bereits auf dem Weg nach St. Paul's Churchyard befanden.

Während dieser Vorgänge hatte Master Graham abseits gestanden, sich streng auf die Aufgabe beschränkt, die ihm zugewiesen war, und allem anderen kaum Beachtung geschenkt. Jetzt trat er einen Schritt vor, als ein prächtig gekleideter Kavalier zu Fuß, von einem einzigen Bedienten begleitet, den Hügel heraufkam.

Als diese Person sich näherte, hörte die Menge auf zu lärmen und beugte sich neugierigen Blickes vor. Master Graham, der allein im Tor stand, und der Fremde, der langsam auf ihn zukam – beide schienen sich sozusagen Aug in Auge gegenüberzustehen. Der Edelmann (denn so sah er aus) trug eine hochmütige und verächtliche Miene zur Schau, die die geringe Achtung spiegelte, die er für den Bürger hegte. Der Bürger seinerseits wahrte die entschlossene Haltung desjenigen, der sich nicht einschüchtern oder beeindrucken läßt und der von keinem andern Adel weiß als dem des Verdienstes und der Männlichkeit. Vielleicht war es das Wissen beider um die Gefühle des anderen, das einen noch unbeugsameren Ausdruck in ihre Mienen legte, als sie einander näherkamen.

»Euer Rapier, werter Herr!«

Im selben Moment, da er diese Worte sprach, fuhr Graham zusammen, trat ein paar Schritte zurück und legte die Hand auf den Dolch in seinem Gürtel.

»Seid Ihr der Mann, dessen Pferd ich am Tor des Bogners zu halten pflegte? Seid Ihr jener Mann? Sprecht!«

»Hinfort, du Hund von einem Lehrling!« sprach der andere.

»Ihr seid's! Wohl kenn' ich Euch jetzt!« rief Graham. »Laßt niemand zwischen uns beide treten, oder ich werde dessen Mörder sein.« Mit diesen Worten zog er seinen Dolch und stürzte sich auf ihn.

Der Fremde hatte, bevor noch ein Wort gesprochen worden war, seinen Degen gezogen, bereit für die Überprüfung. Er machte einen Ausfall gegen seinen Angreifer, aber da der Dolch, den Graham mit seiner Linken umklammerte, in jener Zeit dazu diente, solche Hiebe zu parieren, ward die Spitze sofort zur Seite gewandt. Sie gingen zum Nahkampf über. Der Dolch fiel klirrend zu Boden, und Graham, der seinem Gegner den Degen aus der Hand gerissen hatte, stieß ihn ihm durchs Herz. Als er ihn herauszog, brach er entzwei, und ein Teil blieb im Leib des Toten stecken.

All dies geschah so schnell, daß die Umstehenden zusahen ohne einen Versuch, sich einzumischen; aber kaum war der Mann gefallen, als ein Geschrei losbrach, das die Luft erzittern ließ. Der Bediente stürzte durch das Tor und verkündete, daß sein Herr, ein Edelmann, von einem Bürger überfallen und getötet worden sei. Das Wort lief rasch von Mund zu Mund und aus der Kathedrale von St. Paul, aus jeder Buchhandlung, jedem Wirtshaus und jedem Herrenklub des Churchyards ergoß sich ein Strom von Kavalieren mit ihrem Gefolge, die sich zu einem dichten, brodelnden Haufen zusammenschlossen und mit gezogenen Degen zum Ort des Vorfalls drängten.

Mit gleicher Heftigkeit, einander mit lauten Rufen und Schreien anfeuernd, nahmen die Bürger und das gmeine Volk den Kampf ihrerseits auf, umringten Master Graham einhundert Mann tief und zwangen ihn vom Tore fort. Vergeblich schwenkte er das gebrochene Rapier über seinem Kopf und schrie ihnen zu, er wolle auf Londons Schwelle für deren geheiligte Heime sterben. Sie schleppten ihn mit sich fort, hielten ihn immer in ihrer Mitte, so daß niemand ihn ergreifen konnte, und kämpften sich ihren Weg in die Stadt hinein.

Furchtbar war das Klirren der Waffen und das Gebrüll der Stimmen; der Staub und die Hitze und das Gedränge, in dem Männer niedergetrampelt wurden; die verzweifelten Blicke und Schreie der Frauen an den Fenstern darüber, wenn sie ihre Verwandten oder Geliebten unten in der Menge erkannten; das schnelle Läuten der Alarmglocken, die wütende Raserei und die Leidenschaftlichkeit des Geschehens. Jene, die sich am äußeren Rand des jeweiligen Haufens befanden und ihre Waffen wirksam gebrauchen konnten, schlugen sich verzweifelt, während die dahinter, rasend über die Behinderung ihres Tobens, einander über die Köpfe ihrer Vordermänner hinweg bekämpften und dabei ihre eigenen Genossen erschlugen. Wo immer das zerbrochene Rapier über den Köpfen der Menge auftauchte, dorthin stürmten die Kavaliere aufs neue. Ein jeder dieser Vorstöße war gekennzeichnet durch plötzliche Lücken in der Menge, wo Männer niedergetrampelt wurden; doch so schnell sie entstanden, so schnell brauste die Menschenflut darüber hinweg, und noch immer drängte die Menge weiter, eine verworrene Masse von Degen, Knüppeln, Stangen, geknickten Federn, Fetzen von prächtigen Mänteln und Wämsern und zornigen, blutigen Gesichtern, alles in unentwirrbarer Unordnung ineinander verknäuelt.

Es war die Absicht des Volkes, Master Graham dazu zu zwingen, in seinem eigenen Haus Zuflucht zu nehmen, und dies dann zu verteidigen, bis die Behörden sich der Sache annehmen, oder sie Zeit zum Verhandeln gewinnen konnten. Doch machten sie – sei's aus Unwissenheit, sei's aus der Verwirrung des Augenblicks heraus – vor seinem alten Hause halt, das fest verschlossen war. Man verlor einige Zeit damit, die Türen einzuschlagen und ihn nach vorne zu schieben. Etwa zwanzig der Tapfersten von

Wanduhr mit Holzräderwerk um 1723

der anderen Partei warfen sich, während dies geschah, in das Gewühl, erreichten das Tor im selben Augenblick wie er und schnitten ihn von seinen Verteidigern ab.

»Nie werde ich in einer so gerechten Sache nachgeben, so wahr mir der Himmel helfe!« rief Graham mit einer Stimme, die sich endlich vernehmbar machen konnte, und trat ihnen entgegen, während er sprach. »Am allerwenigsten hier auf dieser Schwelle, die verwaist ist dank solcher Männer wie Euch. Ich gebe keinen Pardon und ich will keinen! Stoßt zu!«

Einen Augenblick lang standen sie unschlüssig da. Da traf ein Schuß von ungesehner Hand – offenbar abgefeuert von einer Person, die sich Zutritt zu einem der gegenüberliegenden Häuser verschafft hatte – Graham in den Kopf, und er fiel tot zu Boden. Ein leises Wehklagen schwang in der Luft – und viele Leute in der Menge schworen, sie hätten einen Geist hinter dem kleinen Flügelfenster in des Bogners Haus vorübergleiten sehen.

Totenstille war eingetreten. Nach einer kurzen Weile legten einige aus der erhitzten und aufgeregten Menge ihre Waffen nieder und trugen die Leiche vorsichtig ins Haus. Andere verschwanden oder verdrückten sich zu zweit oder dritt, wieder andere flüsterten zusammen in Gruppen, und bevor die zahlreiche Wache, die nun angeritten kam, in der Straße antreten konnte, war diese beinahe leer.

Jene, die Master Graham auf das Bett im Oberstock trugen, sahen voller Bestürzung eine Frau mit gefalteten Händen unter dem Fenster liegen. Nachdem sie vergeblich versucht hatten, sie wieder zum Leben zu erwecken, bahrten sie sie neben dem Bürger auf, der noch immer fest das erste und letzte Rapier in der rechten Hand hielt, das an diesem Tag am Lud-Tor gebrochen worden war.

Der Riese äußerte diese abschließenden Worte mit plötzlicher Hast, und im gleichen Augenblick erlosch das seltsame Licht, das den Saal erfüllt hatte. Unwillkürlich warf Joe Toddyhigh einen Blick zum östlichen Fenster und sah dort den ersten bleichen Schimmer des Morgens. Er wandte den Kopf wieder zum anderen Fenster, an welchem die Riesen gesessen hatten. Es war leer. Das Weinfaß war verschwunden, und undeutlich konnte er erkennen, daß die beiden großen Statuen stumm und reglos auf ihren Sockeln standen.

Nachdem er sich die Augen gerieben und sich eine volle halbe Stunde – während der er zusah, wie der Morgen heraufkroch – gewundert hatte, gab er der Schläfrigkeit nach, die ihn überwältigte, und fiel in einen erfrischenden Schlummer. Als er erwachte, war es heller Tag; das Gebäude war geöffnet, und Arbeiter waren eifrig dabei, die Spuren des Festes der vergangenen Nacht zu beseitigen.

Er schlich sich leise die kleine Treppe hinunter und gab sich den Anschein eines morgendlichen Faulenzers, der von der Straße nur kurz hereinschaute, als er nacheinander zum Fuße eines jeden der beiden Sockel ging und aufmerksam die Figur, die er trug, betrachtete. Weder über die Züge des einen noch des anderen konnte ein Zweifel bestehen; er erinnerte sich genau an den Ausdruck, den sie an den verschiedenen Stellen ihrer Unterhaltung gezeigt hatten, und erkannte in jedem Zug und jeder Linie die Riesen der letzten Nacht. Überzeugt, daß alles kein Trugbild gewesen war, sondern daß er es mit seinen eigenen Sinnesorganen gesehen und gehört hatte, ging er fort und war um jeden Preis fest entschlossen, sich am Abend wieder in Guildhall zu verbergen. Außerdem beschloß er, den ganzen Tag zu schlafen, auf daß er sehr wach und munter sein und vor allem die Figuren genau in dem Augenblick scharf beobachten können würde, in dem sie sich belebten und in dem sie wieder in ihren alten Zustand versanken, denn dies nicht bereits getan zu haben, warf er sich lebhaft vor.

KORRESPONDENZ MIT MASTER HUMPHREY

Sir, bevor Ihr in Eurem Bericht über Eure Freunde und was Ihr tut und was Ihr sagt, wenn Ihr Euch trefft, weiter fortfahrt, gestattet bitte, daß ich meinen Anspruch vortrage, in einen der freien Stühle gewählt zu werden, die in diesem alten Zimmer von Euch stehen. Weist mich nicht ab, ohne die Sache gründlich zu erwägen; denn wenn Ihr das tut, wird es Euch später leid tun – bei meinem Leben, das wird es Euch.

Ich lege meine Karte, mein Herr, diesem Brief bei. Ich habe mich meines Namens noch nie geschämt und werde mich nie seiner schämen. Ich gelte als ein teuflisch feiner Zeitgenosse, und ich benehme mich auch so. Wenn Ihr eine Referenz braucht, fragt irgendeinen der Männer aus unserem Klub. Fragt irgendeinen, der dort hingeht, seine Briefe zu schreiben, was ich für eine Konversation mache. Fragt ihn, ob er nicht findet, daß ich die Art von Stimme habe, die Eurem tauben Freund gefallen und ihn wieder hören lassen wird, wenn er überhaupt etwas hören kann. Fragt die Dienerschaft, was sie von mir hält. Da ist kein Halunke unter ihnen, mein Herr, der nicht erzittert, wenn er meinen Namen hört. Da fällt mir ein – Ihr müßt nicht allzuviel von Eurer Haushälterin erzählen; das ist ein niederer Gegenstand, verdammt nieder.

Ich mach' Euch einen Vorschlag, Sir. Wenn Ihr mich in einen dieser leeren Stühle wählt, dann habt Ihr unter Euch einen Mann mit einer Fülle von weltmännischen Kenntnissen, die Euch ziemlich in Erstaunen versetzen werden. Ich könnte Euch ein paar Anekdoten anvertrauen über feine Damen von Stand, die ganz zur vornehmen Welt gehören, Sir – also wirklich tipptopp. Ich weiß den

Namen eines jeden Herrn, der in den letzten fünfundzwanzig Jahren in einen Ehrenhandel verwickelt war; ich kenne die vertraulichen Details von jedem Zank und jedem Wortwechsel, der in dieser gesamten Zeit beim Pferderennen, am Spieltisch oder sonstwo stattgefunden hat. Man hat mich die Gentleman-Chronik genannt. Ihr könnt Euch verdammt glücklich schätzen; bei meiner Seele, Ihr könnt Euch zu mir gratulieren, wenn ich's auch selber sage.

Ein ungemein guter Einfall von Euch, niemand wissen zu lassen, wo Ihr lebt. Ich hab's auch schon versucht, aber es hat da immer eine gewisse Besorgnis in bezug auf mich gegeben, die mich aufgestöbert hat. Euer tauber Freund ist ein schlauer Hund, daß er seinen Namen für sich behält. Das hab' ich auch schon versucht, aber nie ist's mir gelungen. Es wird mir eine Ehre sein, seine Bekanntschaft zu machen – sagt ihm das, mit schönen Grüßen.

Ihr müßt ein komischer Kauz gewesen sein als Kind, verflixt komisch. Recht merkwürdig, all das Zeug über das Bild in Eurer ersten Geschichte – weitschweifig, aber auf teuflisch feine Art erzählt. An Stellen wie diesen könnte ich mit großer Wirkung ein Stück echtes Leben beisteuern – meint Ihr nicht?

Begierig warte ich auf Euren nächsten Brief, um zu erfahren, ob Eure Freunde bei Euch wohnen und auf Eure Kosten, was ich doch wohl annehme. Wenn diese meine Annahme richtig ist, dann kenne ich einen reizenden Kerl (ein ausgezeichneter Gesellschafter und eine wunderbare Begleitung), dem es eine Ehre sein wird, zu Euch zu stoßen. Vor einigen Jahren sekundierte er bei einer ganzen Reihe von Preisboxern und schlug sich einmal sogar selbst in einem Amateurkampf; seither hat er bei mehreren Postkutschen die Zügel übernommen, zu verschiedenen Zeiten alle Lampen auf der rechten Seite von Oxford Street eingeschlagen und sechsmal jeden Klingelgriff im Bloomsbury Square fortgetragen, ganz abgesehen davon, daß er auf verschiedenen Hauptstraßen das Gas abgedreht hat. In puncto Gentleman ist er ohnegleichen, und ich darf sagen, daß er nach mir der für Eure Zwecke am besten Geeignete ist.

In Erwartung Eurer Antwort

bin ich usw. usw.

Master Humphrey teilt diesem Gentleman mit, daß sein Ansuchen, sowohl ihn als auch seinen Freund betreffend, abgelehnt sei.

ZWEITES KAPITEL

Master Humphrey, von seiner Wanduhr in der Kaminecke

Meine alte Gefährtin sagt mir, daß es Mitternacht ist. Hell glüht das Feuer und knistert mit einem scharfen und willigen Ton, als würde es gern brennen. Die fröhliche Grille auf dem Herd (mein ständiger Besuch), die rötlichen Flammen, meine Uhr und ich: Es scheint, als gehörte uns die ganze Welt und als wären wir die einzigen, die noch wach sind. Der Wind, vor kurzem noch stark und lärmend, hat sich gelegt und murmelt heiser in seinem Schlaf. Ich liebe alle Tages- und Jahreszeiten, wie sie kommen, und neige vielleicht dazu, immer die gegenwärtige für die beste zu halten; doch vergangen oder zukünftig, immer liebe ich diese friedliche Stunde der Nacht, wenn lang vergrabene Gedanken, von der Düsternis und Stille begünstigt, sich aus ihren Gräbern stehlen und die Schauplätze verblichenen Glücks und vergangener Hoffnungen heimsuchen.

Der volkstümliche Glaube an Gespenster steht in einer bemerkenswert engen Beziehung zu der ganzen Richtung unserer Gedanken in einer solchen Stunde und scheint deren notwendige und natürliche Folge zu sein. Denn wer kann sich darüber wundern, daß der Mensch einen unbestimmten Glauben an die Geschichten von körperlosen Geistern, die durch die von ihnen einst heiß geliebten Orte wandern, hegen sollte, wenn er selbst – kaum weniger getrennt von seiner alten Welt als jene – doch stets bei vergangenen Gefühlen und verflossenen Zeiten verweilt und wie ein Geist seines früheren Selbst sich bei den Orten und den Menschen aufhält, die sein Herz einst erwärmten? Dergestalt verweile auch ich zu dieser stillen Stunde in dem Haus, wo ich geboren wurde, in den Räumen, durch die ich damals lief, an den Schauplätzen meiner Kindheit und Jugend; dergestalt streiche ich um meinen vergrabenen Schatz (doch nicht von Gold oder Silber) und betrauere meinen Verlust; dergestalt suche ich die Asche verloschener Feuer auf und stehe schweigend Wache an alten Lagern. Sollte mein Geist jemals wieder in diese Kammer zurückgleiten, wenn mein Körper dem Staub wiedergegeben ist, dann wird er nur den Weg einschlagen, den er zu meinen Lebzeiten oft genommen hat, und den Gegenständen seiner Betrachtung nur eine Veränderung mehr hinzufügen.

In all meinen müßigen Betrachtungen werde ich außerordentlich von den verschiedenen Legenden unterstützt, die sich mit meinem ehrwürdigen Haus verknüpfen und die in der Nachbarschaft umgehen, und zwar so zahlreich, daß es kaum einen Schrank oder eine Ecke gibt, die nicht ihre eigene schaurige Geschichte hätten. Als ich erstmals erwog, dieses Haus zu mieten, wurde mir versichert, daß es vom Dachboden bis zum Keller spuke; und ich glaube, daß die üble Meinung, die meine Nachbarn anfänglich von mir hatten, ihren Ursprung der Tatsache verdankt, daß ich in der Nacht meines Einzugs nicht in Stücke gerissen oder wenigstens vor Entsetzen wahnsinnig geworden war; in beiden Fällen hätte ich zweifellos auf kürzestem Wege den Gipfel der Beliebtheit erreicht.

Doch wer – wenn wir alle diese Überlieferungen und Gerüchte berücksichtigen – begünstigt jeden meiner Einfälle und pflicht jedem meiner Gedanken so bei wie mein teurer tauber Freund? Und wie oft habe ich nicht einen Grund, den Tag zu segnen, der uns zusammenbrachte! Und wie freut es mich, daß es von allen Tagen des Jahres der Weihnachtstag war, mit dem wir von Kindheit an etwas Freundliches und Aufrichtiges verbinden!

Ich war ausgegangen, um mich am Glücke anderer zu erfreuen, und bei den kleinen Zeichen von Festlichkeit und Freude, die die Straßen und Häuser an diesem Tage so zahlreich vorweisen, hatte ich einige Stunden verloren. Mal hielt ich inne, um eine fröhliche Gesellschaft zu betrachten, die zu Fuß durch den Schnee zum Orte ihrer Zusammenkunft eilte; mal wandte ich mich um, einer ganzen Kutsche voller Kinder zuzusehen, wie sie vor einem Hause sicher abgeladen und willkommen geheißen wurden. Einmal bewunderte ich, wie vorsichtig ein Arbeiter sein kleines Kind mit dem prunkvollen Federhut trug und wie seine Frau, die geduldig hinter ihm herstapfte, sogar die Sorge um ihre eigene festliche Kleidung vergaß, als sie dem Kind zuwinkte, das über seines Vaters Schulter gurrte und lachte; ein anderes Mal erfreute ich mich an einem vorübergleitenden Bild der Ritterlichkeit oder der Liebeswerbung und war froh zu glauben, daß zu dieser Zeit die Hälfte der Armenwelt fröhlich war.

Als der Tag sich neigte, wanderte ich noch immer durch die Straßen, fühlte mich dem Schein des Feuers verbunden, das seinen warmen Widerschein an die Fenster warf, wenn ich vorüberging, und vergaß ganz meine eigene Einsamkeit bei dem Gedanken an die Geselligkeit und das freundliche Miteinander, das überall herrschte. Endlich blieb ich zufällig vor einer Taverne stehen, und plötzlich, als ich die Speisekarte im Fenster hängen sah, schoß mir die Frage durch den Kopf, was das wohl für Menschen seien, die am Weihnachtstag allein in der Taverne speisten.

Einsame Menschen, so nehme ich an, pflegen ganz unbewußt ihre Einsamkeit als etwas anzusehen, das nur sie allein auszeichnet. Viele, viele Male war ich an diesem großen Feiertag allein zu Hause gesessen und hatte ihn doch immer für den Tag gehalten, an dem alle Menschen zusammenkamen und sich gemeinsam freuten. Davon ausgenommen hatte ich nur, und dies mit schmerzendem Herzen, eine Schar von Sträflingen und Bettlern; doch *dies* waren nicht die Männer, für die die Tür der Taverne offenstand. Hatte sie irgendwelche Gäste, oder war sie nur der Form halber geöffnet? – Nur der Form halber, ohne Zweifel.

Ich ging weiter und versuchte, es mir ganz fest einzureden; doch bevor ich viele Schritte getan hatte, blieb ich stehen und schaute zurück. In der Lampe überm Tor lag eine herausfordernde Art von Geschäftigkeit, die ich nicht übersehen konnte. Ich begann zu fürchten, es könnten sehr viele Gäste sein – junge Männer vielleicht, die mit der Welt rangen, völlig Fremde in dieser großen Stadt, deren Freunde weit entfernt von hier lebten und deren Mittel zu knapp waren, um ihnen die Reise zu ermöglichen.

Aus dieser Vorstellung beschwor ich so viele kleine Bilder des Kummers, daß ich beschloß, statt sie mit mir nach Hause zu tragen, der Wirklichkeit ins Auge zu sehen. Also wandte ich mich um und ging hinein.

Ich war froh und traurig zugleich, im Speisesaal nur eine einzige Person zu sehen; froh zu wissen, daß es ihrer nicht mehr gab, und traurig, daß er hier so ganz allein saß. Er sah nicht so alt aus wie ich, war aber doch wie ich weit fortgeschritten im Leben, und sein Haar war fast weiß. Obwohl ich beim Eintreten und Platznehmen mehr Lärm machte als nötig, in der Absicht, seine Aufmerksamkeit zu erregen und ihn zu grüßen, wie es zu dieser Zeit des Jahres guter alter Brauch ist, hob er nicht den Kopf, sondern saß, ihn in die Hand gestützt, und brütete über seiner halb beendeten Mahlzeit.

Ich bestellte etwas, um einen Grund zu haben, in diesem Raum zu verweilen; ich hatte früh gespeist (da meine Haushälterin am Abend eingeladen war, mit Freunden guter Dinge zu sein) und setzte mich so, daß ich ihn beobachten konnte, ohne mich aufzudrängen. Nach einer Weile sah er auf. Er bemerkte, daß jemand hereingekommen war, konnte aber nicht viel von mir sehen, da ich im Schatten saß und er im Licht. Er wirkte traurig und nachdenklich, und um ihn nicht zu behelligen, sah ich davon ab, ihn anzusprechen.

Laßt mich glauben, daß es etwas Besseres war als Neugier, was meine Aufmerksamkeit bannte und mich so zu diesem Herrn hinzog. Noch nie hatte ich ein so geduldiges und gütiges Gesicht gesehn. Er hätte von Freunden umgeben sein sollen, und doch saß er hier trübselig und allein zu einer Zeit, zu der alle Menschen ihre Freunde um sich hatten. Sooft er sich aus seinen Träumereien riß, sooft fiel er in sie zurück, und es war klar, daß seine Gedanken, was immer auch ihr Gegenstand, von melancholischer Art waren und sich nicht beherrschen ließen.

Er war nicht an Einsamkeit gewöhnt. Davon war ich überzeugt, denn ich weiß von mir, daß, wäre er daran gewöhnt, sein Verhalten anders gewesen wäre und er doch ein wenig Interesse für die Ankunft eines anderen Gastes aufgebracht hätte. Es entging mir nicht, daß er keinen Appetit hatte, daß er sich vergeblich zum Essen zwang, daß er seinen Teller wieder und wieder fortschob und in seine frühere Haltung zurücksank.

In Gedanken ist er bei vergangenen Weihnachtstagen, dachte ich. Viele tauchen gleichzeitig auf, nicht mit langen Zeiten dazwischen, sondern in ununterbrochener Folge, wie die Tage der Woche. Es war etwas völlig Neues für ihn, sich zum ersten Mal (ich war überzeugt, daß es das erste Mal war) in einem leeren, schweigenden Raum zu befinden, ohne eine Menschenseele, um die er sich kümmern konnte. Ich mußte ihm unwillkürlich in meiner Vorstellung durch Reihen freundlicher Gesichter folgen, um dann an diesen trüben Ort zurückzukehren mit seinem Mistelzweig, der im Gas der Lampen verwelkte, und den Stechpalmenästchen, die schon in einem Samum von Gebratenem und Gekochtem vertrocknet waren. Selbst der Kellner war nach Hause gegangen; und sein Vertreter, ein armer, dünner, hungriger Mann, feierte Weihnachten in seiner Jacke.

Mein Freund faszinierte mich immer mehr. Nachdem er sein Mahl beendet hatte, wurde eine Karaffe Wein vor ihn gestellt. Lange Zeit ward sie nicht angerührt, doch endlich füllte er mit zitternder Hand sein Glas und hob es an die Lippen. Einen Augenblick lebte ein zärtlicher Wunsch, dem er sonst an diesem Tag Ausdruck zu verleihen pflegte, oder ein geliebter Name, auf dessen Wohl er zu trinken geswöhnt war, auf ihnen. Hastig setzte er das Glas nieder – nahm es wieder auf – setzte es wieder nieder – preßte die Hand vors Gesicht – ja, und Tränen stahlen sich seine Wangen hinunter, da bin ich sicher.

Ohne lange zu überlegen, ob es richtig oder falsch war, was ich tat, durchquerte ich den Raum, setzte mich neben ihn und legte ihm leicht die Hand auf den Arm.

»Mein Freund«, sagte ich, »vergebt, wenn ich Euch beschwöre, von den Lippen eines alten Mannes Trost und Zuspruch anzunehmen. Ich will Euch wahrlich nichts predigen, was ich nicht selbst praktiziert habe. Was Euer Schmerz auch sei, seid guten Mutes – seid guten Muts, ich bitte Euch!«

»Ich weiß, daß Ihr es aufrichtig meint«, erwiderte er, »und gut, jedoch –«

Ich nickte mit dem Kopf, um ihm zu zeigen, daß ich verstand, was er sagen wollte; denn ich hatte schon begriffen – aus einem gewissen starren Ausdruck seines Gesichts und aus der Aufmerksamkeit, mit der er mich ansah, während ich sprach –, daß sein Gehörsinn zerstört war. »Zwischen uns sollte eine Art Freimaurerschaft bestehen«, sagte ich und deutete von ihm auf mich, um zu erklären, was ich meinte, »wenn nicht unserer grauen

Achteckige Wanduhr aus Holz mit Nußbaum- und Wurzelholzfurnier, um 1750; außen und innen feuervergoldete, ziselierte Zierleisten aus Bronze

Haare wegen, so doch ob unseres Mißgeschicks. Ihr seht, daß ich nichts bin als ein armer Krüppel.«

Seit jenem schwierigen Augenblick, da ich mir zum ersten Mal ihrer bewußt wurde, hatte ich mich unter meiner Last nie so glücklich gefühlt, wie in dem Moment, als er mit einem Lächeln – das meinen Lebenspfad von diesem Tage an erhellt hat! – meine Hand in die seine nahm, und wir uns Seite an Seite niedersetzten.

Das war der Beginn meiner Freundschaft mit dem tauben Gentleman; und wann wurde jemals der geringe und leichte Dienst eines guten Wortes zur rechten Zeit mit soviel Anhänglichkeit und Zuneigung entlohnt, wie er sie mir erwiesen!

Bei diesem ersten Zusammentreffen holte er einen kleinen Stapel Täfelchen sowie einen Bleistift heraus, um damit unsere Konversation zu erleichtern; und ich erinnere mich noch gut, wie unbeholfen und verlegen ich meinen Teil des Dialogs niederschrieb und wie rasch er erfaßte, was ich meinte, bevor ich noch die Hälfte dessen geschrieben hatte, was ich sagen wollte. Mit versagender Stimme bekannte er mir, daß er es nicht gewohnt wäre, an diesem Tag allein zu sein – daß es immer ein kleines Fest für ihn gewesen wäre; und da er sah, daß ich einen Blick auf seine Kleidung warf in der Erwartung, daß er Trauer trüge, fügte er hastig hinzu, daß es dies nicht sei; wenn es das wäre, dann, so meinte er, hätte er es vielleicht besser ertragen. Von diesem Augenblick bis zum heutigen Tag haben wir nie wieder an dieses Thema gerührt. Wir haben jede Wiederkehr dieses Tages gemeinsam gefeiert; und obwohl es unsere jährliche Gewohnheit geworden ist, nach dem Essen einander Hand in Hand zuzutrinken und einander mit zärtlicher Weitschweifigkeit jeden Umstand unseres ersten Zusammentreffens ins Gedächtnis zu rufen, haben wir diesen einen, gleich als hätten wir uns abgesprochen, stets gemieden.

Inzwischen haben wir unsere Freundschaft und gegenseitige Achtung bestärkt und eine Zuneigung gefaßt, die – wie ich hoffe und glaube – nur durch den Tod unterbrochen wird, um in einem anderen Dasein erneuert zu werden. Ich weiß kaum, wie es möglich ist, daß wir uns so gut verständigen können; aber für mich hat er längst aufgehört, taub zu sein. Oft ist er der Gefährte auf meinen Spaziergängen, und selbst in belebten Straßen antwortet er auf die geringsten Blicke oder Gesten meinerseits, als könne er meine Gedanken lesen. Aus der großen Zahl von Gegenständen, die in rascher Folge an unseren Augen vorüberziehen, wählen wir häufig dieselben aus, um ihnen unsere besondere Aufmerksamkeit oder eine Bemerkung zu widmen; und ich kann das Vergnügen gar nicht beschreiben, das meinen Freund belebt, wenn sich eine dieser kleinen Übereinstimmungen ergibt, oder die strahlende Miene, die er daraufhin für mindestens eine halbe Stunde aufsetzt.

Da er so sehr in sich selbst zurückgezogen gelebt hat, ist er ein großer Denker geworden, und seine lebhafte Phantasie befähigt ihn, ungewöhnliche Ideen zu ersinnen oder weiterzuentwickeln, was ihn unserer kleinen Gesellschaft unersetzlich macht und unsere beiden Freunde aufs höchste erstaunt. Seine Fähigkeiten in dieser Richtung werden aufs kräftigste gefördert von einer langen Pfeife, die, wie er uns versichert, einstmals einem deutschen Studenten gehörte. Sei dem wie ihm wolle, sie hat ohne Zweifel ein höchst altertümliches und geheimnisvolles Aussehen und ein solches Fassungsvermögen, daß es dreieinhalb Stunden dauert, sie auszurauchen. Ich habe Grund zur Annahme, daß mein Barbier, welcher die oberste Autorität einer Gruppe von Klatschmäulern ist, die jeden Abend in einem Tabakgeschäft in der Nähe zusammenkommt, Anekdoten von dieser Pfeife und den grimmigen Figuren, die in ihren Kopf geschnitzt sind, berichtet hat, die allen Rauchern in der Gegend die Haare zu Berge stehen ließen; und ich weiß, daß meine Haushälterin ihr zwar hohe Achtung zollt, mit ihr jedoch solch abergläubische Gefühle verbindet, so daß es ihr ganz ungemein widerstreben würde, in ihrer Gesellschaft nach Einbruch der Dunkelheit allein gelassen zu werden.

Welches Leid mein teurer Freund auch immer erfahren hat, und welcher Schmerz auch noch in einem geheimen Winkel seines Herzens verblieben sein mag, heute ist er ein fröhliches, zufriedenes, glückliches Geschöpf. Einen solchen Mann kann das Unglück nur zu einem guten Ende treffen; und wenn ich dessen Spuren in seiner sanften Natur und seinen aufrichtigen Gefühlen entdecke, dann bin ich um so weniger geneigt, über jene Prüfungen zu murren, denen ich selbst vielleicht unterworfen war. Was die Pfeife angeht, so habe ich da meine eigene Theorie: Ich kann mich des Gedankens nicht erwehren, daß sie auf irgendeine Art mit dem Vorfall verknüpft ist, der uns zusammengeführt hat, denn ich weiß noch, daß es lange dauerte, bevor er sie erwähnte, daß er zurückhaltend und melancholisch wurde, als er es tat, und daß es noch länger dauerte, bis er sie vorzeigte. Ich empfinde jedoch keinerlei Neugierde bezüglich dieses Gegenstandes, denn ich weiß, daß er seine Ruhe und sein Behagen fördert, und es bedarf für mich keines weiteren Grundes, ihn mit äußerstem Wohlwollen zu betrachten.

Dies ist der taube Gentleman. Ich sehe seine Gestalt vor mir, in nüchternes Grau gekleidet, auf seinem Platz in der Kaminecke. Während er an seiner Lieblingspfeife pafft, wirft er mir einen Blick zu, randvoll mit Herzlichkeit und Freundschaft, und sein fröhliches Lächeln sagt alle möglichen lieben und angenehmen Dinge; dann hebt er die Augen zu meiner Uhr, die eben schlagen will, und schaut von ihr auf mich und wieder zurück, als wollte er sein Herz zwischen uns teilen. Was mich angeht, so wär's nicht zuviel gesagt, daß ich mich gern von einem meiner armseligen Glieder trennen würde, könnte er nur dafür die Stimme der alten Uhr vernehmen.

Von unseren beiden Freunden gehörte der erste sein Leben lang zu jener leichtlebigen, müßiggängerischen, bummeligen Menschenklasse, die die Welt gern als niemandes Feinde denn ihren eigenen bezeichnet. Zu einem Berufe erzogen, für den er nie geeignet war, und in der Erwartung eines Reichtums aufgezogen, den er niemals erbte, hatte er alle Schicksalsschläge erduldet, die eine solche Existenz herauszufordern fähig ist. Er und sein jüngerer Bruder, beide in der Kindheit verwaist, wurden von einem wohlhabenden Verwandten aufgezogen, der ihnen Aussicht auf die gleichmäßige Teilung seines Besitzes machte; doch zu träge, um zu werben, und zu ehrlich, um zu schmeicheln, verlor der ältere allmählich an Boden in der Zuneigung des launischen alten Mannes, und der jüngere, der nicht versäumte, die Gelegenheit für sich zu nutzen, triumphiert jetzt im Besitz ungeheuren Reichtums. Sein Triumph besteht darin, diesen in einsamem Elend zu horten, und wahrscheinlich fühlt er bei der Ausgabe jedes Shillings eine größere Qual, als der Verlust der ganzen Erbschaft jemals seinem Bruder bereitet hat.

Jack Redburn – er hieß bereits Jack Redburn in der ersten kleinen Schule, die er besuchte, wo jedes zweite Kind seinen Herrn und seinen Spitznamen bekam, und Jack Redburn blieb er sein Leben lang, sonst wäre er heute vielleicht ein reicherer Mann – ist seit acht Jahren ein Mitbewohner meines Hauses. Er ist mein Bibliothekar, Sekretär, mein Verwalter und mein Ministerpräsident, Direktor aller meiner Angelegenheiten und Generalinspekteur meines Haushaltes. Er ist so etwas wie ein Musiker, so etwas wie ein Autor, so etwas wie ein Schauspieler, hat etwas von einem Maler, sehr viel von einem guten Tischler und ist ein ganz ausgezeichneter Gärtner, da er nämlich sein ganzes Leben lang die wundervolle Fähigkeit besaß, all das zu lernen, was von keinerlei Nutzen für ihn war. Er ist ein großer Kinderfreund, und er ist der beste und freundlichste Krankenpfleger, der jemals lebte. Er hat in jeder Gesellschaftsschicht verkehrt und das äußerste Elend kennengelernt, und doch gab es nie einen weniger selbstsüchtigen, einen weichherzigeren, einen schwärmerischeren oder einen offenherzigeren Mann als ihn; und ich wage zu behaupten, daß, wenn auch vielleicht wenige weniger Gutes getan haben als er, so doch noch wenige weniger Übel in der Welt angerichtet haben als er. Durch welchen Zufall die Natur ein solch grillenhaftes Durcheinander hervorbringt, das weiß ich nicht, doch ich weiß, daß sie es recht oft unter uns schickt, und daß Jack Redburn der König dieses Menschenschlages ist.

Ich könnte nicht sagen, wie alt er ist. Mit seiner Gesundheit steht es nicht zum besten, und er trägt einen Schopf so grau wie Eisen, der sein Gesicht beschattet und es recht zermürbt wirken läßt; doch wir halten ihn nichtsdestoweniger für einen recht jungen Spund; und falls ein jugendliches Gemüt, das die rauheste Bekanntschaft mit der Welt überlebt, seinem Besitzer nur den geringsten Anspruch darauf verleiht, als jung zu gelten, dann ist er das reinste Kind. Seine sorglose Fröhlichkeit erfährt nur an feuchten Sonntagen, an denen er gern ungewöhnlich religiös und feierlich wird, eine Unterbrechung und manchmal auch am Abend, wenn er ein recht langsames Stück auf der Flöte gespielt hat. Bei diesem zuletzt genannten Anlaß entwickelt er leicht eine gewisse Neigung für das Geheimnisvolle oder das Schreckliche. Für ein Beispiel seiner Fähigkeiten in dieser Stimmung verweise ich meine Leser auf den Beitrag aus dem Uhrgehäuse, der diesem Teil folgt: Vor nicht allzu langer Zeit brachte er es mir um Mitternacht und tat mir kund, daß die Idee zu dem Vorfall einem Traum der Nacht zuvor entstamme.

Seine Wohnräume bestehen aus zwei freundlichen Zimmern, die auf den Garten hinausgehen, und sein größtes Vergnügen ist es, die Möbel in diesen Kammern immer wieder anders anzuordnen und sie in jede nur mögliche Stellung zu bringen. Ich glaube, er hat in der ganzen Zeit, die er schon hier ist, nicht zwei Nächte hintereinander mit dem Kopfende seines Bettes am selben Fleck geschlafen, und jedesmal, da er es umstellt, ist das letztemal. Meine Haushälterin brachten diese häufigen Änderungen anfänglich schier um den Verstand; aber nach und nach hat sie sich derart daran gewöhnt und sich von diesen Launen anstecken lassen, daß sie oft mit großem Ernste gemeinsam die nächste endgültige Umstellung besprechen. Wie auch immer diese Arrangements aussehen mögen, stets zeugen sie von vorbildlicher Ordentlichkeit, und jeder einzelne der zahlreichen Gegenstände, die mit seinen zahlreichen Beschäftigungen zusammenhängen, findet sich immer an dem ihm bestimmten Platz. Bis vor zwei oder drei Jahren noch wurde er von Zeit zu Zeit das Opfer eines Anfalls (der ihn meist bei besonders schönem Wetter befiel), unter dessen Einfluß er sich mit größter Sorgfalt kleidete und, einen Spaziergang vorschützend, gleich mehrere Tage lang verschwand. Doch endlich, nachdem die Abstände zwischen den Ausbrüchen immer länger und länger geworden waren, gab sich diese Störung ganz; und nun geht er nur mehr selten aus, vielleicht an einem Sommerabend zu einem kleinen Spaziergang. Ob er der eigenen Verläßlichkeit in dieser Hinsicht noch nicht traut und daher nicht wagt, einen Mantel anzuziehen, weiß ich nicht, doch wir erblicken ihn nur selten in anderer Bekleidung als einem alten, gespenstisch wirkenden Morgenmantel mit übergroßen Taschen, die mit einer gemischten Sammlung ausgefallener Gegenstände gefüllt sind, die er einsteckt, wo immer er seine Hände darauf legen kann.

Alles, was unser Freund liebt und schätzt, lieben und schätzen auch wir; und so ergab es sich, daß der vierte unter uns Mr. Owen Miles ist, ein höchst ehrenwerter Gentleman, der Jack viel Freundlichkeit erwiesen hatte, bevor mein tauber Freund und ich ihn durch Zufall kennenlernten, worauf ich vielleicht noch bei Gelegenheit zurückkommen werde. Mr. Miles war einst ein sehr reicher Kaufmann; doch der Tod seiner Frau traf ihn so tief, daß er sich aus den Geschäften zurückzog und von nun an ein ruhiges, zurückgezogenes Leben führte. Er ist ein hervorragender Mann, ein wahrhaft lauterer Charakter, wenn auch nicht von schneller Auffassung und nicht ohne einige amüsante Vorurteile, die ich am besten sich selbst einbringen lasse. Er betrachtet uns alle mit der allergrößten Ehrfurcht, aber Jack Redburn hält er für eine Art freundliches Wunder, dem sich vertraulich zu nähern er wagen darf. Er glaubt nicht nur, daß noch nie ein Mann auf Erden so viele Dinge tun konnte wie Jack, sondern auch, daß noch keiner jemals alles so vortrefflich machte, und nie lenkt er meine Aufmerksamkeit auf einen Beweis von Jacks Erfindungsgeist, ohne mir, mich gleichzeitig mit dem Ellenbogen anstoßend, ins Ohr zu flüstern: »Hätt' er's doch nur zu seinem Beruf gemacht, Sir – hätt' er's doch nur zu seinem Beruf gemacht!«

Die beiden sind unzertrennliche Gefährten; fast könnte man annehmen, daß Jack, obwohl Mr. Miles ihm doch nie auch nur die geringste Hilfe leistet, nichts ohne ihn tun könnte. Ob er nun liest, schreibt, malt, zimmert, gärtnert, die Flöte spielt oder was sonst noch alles: Immer ist Mr. Miles an seiner Seite – bis zum Kinn zugeknöpft in seinem blauen Mantel – und sieht mit einem Gesicht voll ungläubiger Begeisterung zu, als könnte er dem Zeugnis seiner eignen Sinne nicht Glauben schenken und hätte den Verdacht, daß nur im Traum ein Mann so klug sein könnte.

Dies sind meine Freunde – jetzt habe ich mich und sie vorgestellt.

DAS UHRGEHÄUSE

Ein Geständnis, aufgefunden in einem Gefängnis in der Zeit Charles' II.

Ich war Leutnant in der Armee Seiner Majestät und diente in den Feldzügen von 1677 und 1678 im Ausland.

Nach Unterzeichnung des Vertrags von Nimwegen kehrte ich nach Hause zurück, quittierte den Dienst und zog mich auf ein kleines Gut einige Meilen östlich von London zurück, das ich erst kürzlich über meine Frau erworben hatte.

Dies ist die letzte Nacht, die ich zu leben habe, und ich werde die nackte Wahrheit niederschreiben, werde nichts verbergen. Ich war nie ein tapferer Mann und war von meiner Kindheit an von einer geheimniskrämerischen, verdrießlichen, mißtrauischen Natur. Ich spreche von mir, als wäre ich schon aus dieser Welt geschieden; denn während ich dieses schreibe, wird mein Grab ausgehoben und mein Name steht im schwarzen Buch des Todes.

Bald nach meiner Rückkehr nach England wurde mein einziger Bruder von einer tödlichen Krankheit befallen. Dieser Umstand bereitete mir wenig oder gar keinen Schmerz, denn seit wir Männer geworden waren, hatten wir nur noch wenig miteinander zu tun. Er war großmütig und offenherzig, schöner als ich, vielseitiger gebildet und allgemein beliebt. Jene, die im Ausland oder zu Hause meine Bekanntschaft suchten, weil sie seine Freunde waren, blieben mir selten lange verbunden und sagten meistens in unserem ersten Gespräch, wie überrascht sie wären, zwei Brüder von so unterschiedlichem Aussehen und Betragen vorzufinden. Es war meine Gewohnheit, sie zu diesem Geständnis herauszufordern, denn ich wußte, welche Vergleiche sie zwischen uns ziehen mußten, und da ich einen bohrenden Neid im Herzen trug, suchte ich, ihn vor mir selbst zu rechtfertigen.

Wir hatten zwei Schwestern geehelicht. Dieses zusätzliche Band zwischen uns, wie es manchen erscheinen mochte, entfremdete uns einander nur noch mehr. Seine Frau kannte mich gut. Nie kämpfte ich mit irgendeiner geheimen Eifersucht oder Bitterkeit, ohne daß dieses Weib, so sie anwesend war, dies ebenso wußte wie ich selbst. Nie hob ich in solchen Stunden meinen Blick, ohne den ihrigen auf mich geheftet zu finden; nie senkte ich ihn zu Boden oder sah fort, ohne zu spüren, daß sie mich immer beobachtete. Es war eine unaussprechliche Erleichterung für mich, als wir uns zerstritten, und eine noch größere, als ich im Ausland erfuhr, daß sie gestorben war. Es scheint mir jetzt, als hätte schon damals der seltsame und gräßliche Schatten dessen, was seither geschah, über uns gehangen. Ich hatte Angst vor ihr, ihr Geist verfolgte mich, auch jetzt noch sehe ich ihren starren, festen Blick wie die Erinnerung an einen dunklen Traum vor mir, und er läßt mir das Blut in den Adern gefrieren.

Sie starb bald nach der Geburt eines Kindes – eines Jungen. Als mein Bruder erkannte, daß es keine Hoffnung auf seine eigene Genesung gab, rief er meine Frau an sein Lager und vertraute diese Waise, einen Jungen von vier Jahren, ihrer Obhut an. Er hinterließ ihm seinen gesamten Besitz und bestimmte, daß dieser im Falle, daß das Kind stürbe, auf meine Frau übergehen sollte als die einzige Anerkennung, die er ihr für ihre Fürsorge und Liebe erweisen konnte. Er wechselte einige brüderliche Worte mit mir – unsere lange Trennung beklagend – und sank, da er erschöpft war, in einen Schlummer, aus dem er nicht mehr erwachte.

Wir hatten keine Kinder; und da zwischen den Schwestern eine starke Zuneigung bestanden hatte, und meine Frau diesem Knaben fast die Stelle einer Mutter vertreten hatte, liebte sie ihn wie ihr eigenes Kind. Der Knabe hing leidenschaftlich an ihr, doch er war im Aussehen und im Geist das Ebenbild seiner Mutter und daher immer schon von Mißtrauen mir gegenüber erfüllt.

Kaum könnte ich den genauen Tag nennen, an welchem sich mir dieses Gefühl zum erstenmal aufdrängte, doch bald begann ich, mich unbehaglich zu fühlen, wenn dieses Kind in der Nähe war. Nie schrak ich von irgendeinem übellaunigen Gedankengang hoch, ohne ihn dabei zu ertappen, wie er mich ansah; nicht etwa mit kindlichem Staunen, sondern mit etwas wie der Absicht und Bedeutung, die ich sooft an seiner Mutter bemerkt hatte. Das war nicht ein Produkt meiner Einbildung, das in der großen Ähnlichkeit der Züge und des Ausdrucks gründete. Nie konnte ich den Knaben dazu bringen, meinem Blick auszuweichen. Er fürchtete mich, doch schien er mich aus einem Instinkt heraus dabei zu verachten; und selbst wenn er sich unter meinem Blick zurückzog – und das tat er, wenn wir allein waren, um sich der Tür zu nähern –, so heftete er seine hellen Augen noch immer auf mich.

Vielleicht verberge ich die Wahrheit vor mir selbst, aber ich glaube nicht, daß ich damals schon, als dies begann, den Plan hegte, ihm ein Unrecht anzutun. Ich mag daran gedacht haben, wie nützlich seine Erbschaft uns sein könnte, und mag vielleicht gewünscht haben, er wäre tot; doch glaube ich nicht, daß mir der Gedanke kam, seinen Tod zu planen. Diese Idee kam mir auch nicht plötzlich, sondern erst nach und nach; zuerst in vagen Umrissen wie aus sehr großer Entfernung, so wie Menschen an ein Erdbeben denken mögen oder an den Jüngsten Tag; dann kam sie näher und näher und verlor etwas von ihrem Schrecken und ihrer Unwahrscheinlichkeit; dann wurde sie zu einem wesentlichen Bestandteil – nein, vielmehr zur Endsumme und Substanz meiner täglichen Gedanken und mündete in der Frage nach den Mitteln der Sicherheit und nicht der des Ausführens oder Unterlassens der Tat.

Während dieses in mir vorging, konnte ich kaum ertragen, daß das Kind bemerkte, wie ich es beobachtete; und dennoch unterlag ich einer Faszination, die mich geradezu zwang, seine schlanke, zerbrechliche Gestalt zu betrachten und dabei zu überlegen, wie leicht die Tat doch sein müßte. Manchmal stahl ich mich in das obere Stockwerk und betrachtete ihn in seinem Schlaf, aber meistens hielt ich mich im Garten auf, unweit vom Fenster jenes Raums, in welchem er seine kleinen Aufgaben lernte; und wenn er dort auf einem niedrigen Stühlchen neben meiner Frau saß, starrte ich, halb hinter einem Baum verborgen, ihn oft stundenlang an, um beim leisesten Rascheln eines Blattes zurückzuschrecken, schuldiger Wicht, der ich war, und dennoch wieder hervorzugleiten, um weiter zu starren und wieder zurückzuschrecken.

Ganz nahe bei unserem kleinen Landhaus, doch von diesem weder zu sehen noch zu hören (falls eine Brise sich regte), lag ein tiefer Teich. Ich verbrachte ganze Tage damit, mit meinem Taschenmesser das ungefüge Modell eines Bootes zu schnitzen, das ich schließlich vollendete und dort liegen ließ, wo er es finden mußte. Dann zog ich mich an einen verborgenen Ort zurück, an dem er vorbeikommen mußte, wenn er sich allein fortstahl, um dieses Spielzeug schwimmen zu lassen, und lauerte dort auf sein Kommen. Er kam weder an diesem Tage noch am nächsten, obwohl ich von Mittag bis zur Dämmerung wartete. Ich war sicher, daß ich ihn in meinem Netze hatte, denn ich hatte ihn über das Spielzeug plappern hören und wußte, daß er es in seiner kindlichen Freude neben seinem Bett aufbewahrte. Ich spürte weder Überdruß noch Müdigkeit, sondern wartete geduldig, und am dritten Tag kam er an mir vorbei: Er lief fröhlich dahin, sein seidiges Haar flatterte im Winde, und er sang dabei – Gott sei meiner Seele gnädig! – eine lustige Volksweise, wo er doch kaum die Worte stammeln konnte.

Ich stahl mich hinter ihm her, indem ich unter den Büschen, die dort wuchsen, entlangkroch, und nur die Teufel wissen, mit welch panischem Schrecken ich, ein kräftiger, ausgewachsener Mann, den Spuren dieses kleinen Kindes nachschlich, das sich dem Rand des Wassers näherte. Ich befand mich knapp hinter ihm, war auf die Knie gesunken und hatte meine Hand erhoben, um ihn hineinzustoßen, als er meinen Schatten auf dem Wasser erblickte und sich umwandte.

Seiner Mutter Geist sah mich aus seinen Augen an. Die Sonne brach hinter einer Wolke hervor, sie schien am hellen Himmel, in der funkelnden Erde, dem klaren Wasser, den glitzernden Regentropfen auf den Blättern. Alle Dinge hatten Augen. Das ganze große Universum des Lichts war anwesend, den Vollzug dieses Mordes zu sehen. Ich weiß nicht, was er sagte; er war von kühnem, männlichem Blut, und wenn er auch ein Kind war, so kroch und duckte er sich nicht vor mir. Ich hörte ihn rufen, daß er versuchen wolle, mich zu lieben – denn er liebte mich nicht –, und dann sah ich ihn zum Haus zurücklaufen. Das nächste, was ich sah, war mein eignes Schwert blank in meiner Hand und ihn zu meinen Füßen, starr und tot – hier und dort mit Blut bespritzt, aber sonst nicht anders, als ich ihn im Schlaf gesehen hatte, in derselben Haltung auch, die Wange in seine kleine Hand geschmiegt.

Ich nahm ihn in meine Arme und legte ihn – sehr sanft nun, da er tot war – in ein Dickicht. Meine Frau war an diesem Tage von zu Hause fort und sollte erst am nächsten Tag zurückkommen. Das Fenster unseres Schlafzimmers, des einzigen auf dieser Seite des Hauses, war nur ein paar Fuß über dem Boden, und ich beschloß, während der Nacht hier hinauszusteigen und ihn im Garten zu vergraben. Mit keinem Gedanken dachte ich daran, daß mein Plan gescheitert war, mit keinem Gedanken, daß das Wasser mit einem Schleppnetz abgesucht und nichts gefunden werden und daß das Geld nun festliegen würde, da ich die Vorstellung unterstützen mußte, daß das Kind verloren oder geraubt sei. Alle meine Gedanken waren gefangen in und verknüpft mit der einen einzigen, alles verschlingenden Notwendigkeit zu verbergen, was ich getan hatte.

Was ich empfand, als sie kamen, um mir mitzuteilen, daß das Kind verschwunden wäre; als ich Sucher nach allen Richtungen ausschickte; als ich jedesmal nach Luft rang und zitterte, wenn sich jemand näherte, das kann keine Zunge sagen, noch ein Menschenherz sich vorstellen. In dieser Nacht begrub ich ihn. Als ich die Zweige auseinanderbog und in das dunkle Dickicht schaute, da leuchtete wie der sichtbare Geist Gottes ein Glühwürmchen über dem ermordeten Kinde. Ich schaute hinunter in sein Grab, als ich ihn hineingelegt hatte, und noch immer leuchtete es auf seiner Brust, ein Feuerauge, das zum Himmel aufblickte in demütigem Flehen zu den Sternen, die mich bei meinem Werk beobachteten.

Ich mußte meiner Frau gegenübertreten, ihr die schlechte Nachricht eröffnen und ihr Hoffnung machen, daß man das Kind bald fände. All das tat ich – und wirkte dabei, so nehme ich an, recht glaubhaft, denn es fiel nicht der Schatten eines Verdachtes auf mich. Nachdem ich das erledigt hatte, saß ich den ganzen langen Tag am Schlafzimmerfenster und beobachtete die Stelle, wo das schreckliche Geheimnis lag.

Es lag in einem Teil des Gartens, der aufgegraben war, um neu mit Rasen belegt zu werden, und den ich aus diesem Grunde gewählt hatte, da die Spuren meines Spatens hier nicht so leicht Aufmerksamkeit erregen würden. Die Männer, die die Rasenstücke auflegten, müssen mich für verrückt gehalten haben. Ständig hatte ich sie gedrängt, sich mit ihrer Arbeit doch zu sputen, war hinausgelaufen und hatte Seite an Seite mit ihnen gearbeitet, die Erde mit meinen Füßen festgetreten und sie mit ungestümer Eile angetrieben. Sie waren noch vor Einbruch der Dunkelheit mit ihrer Arbeit fertig geworden, und nun hielt ich mich für einigermaßen sicher.

Ich schlief – nicht wie Menschen, die erfrischt und heiter erwachen, doch ich schlief – und glitt im Schlaf von vagen, schattenhaften Träumen, in denen ich gejagt wurde, zu Bildern des Fleckchens Rasen, aus dem jetzt eine Hand, jetzt ein Fuß und jetzt der Kopf selbst herausragte. An dieser Stelle erwachte ich gewöhnlich und schlich ans Fenster, um mich zu überzeugen, daß dem nicht wirklich so war. Hatte ich mich überzeugt, kroch ich ins Bett zurück; und so verbrachte ich die Nacht voller Unruhe, gut zwanzigmal stand ich auf und legte mich nieder und träumte denselben Traum wieder und wieder – was noch viel ärger war, als wachzuliegen, denn jeder einzelne Traum war das Leid einer ganzen Nacht. Einmal dachte ich, das Kind sei noch am Leben und ich hätte nie versucht, es zu töten. Das Erwachen aus diesem Traum war das schrecklichste von allen.

Den nächsten Tag saß ich wieder am Fenster und wandte kein Auge von dem Ort, der mir, obwohl er mit Gras bedeckt war, doch so klar vor Augen stand – Umriß, Größe, Tiefe, die ausgezackten Ränder und alles –, als läge er offen im Licht des Tages. Wenn ein Bedienter darüberschritt, hatte ich das Gefühl, er müßte dort versinken; wenn er fort war, sah ich nach, ob seine Füße nicht die Ränder eingetreten hätten. Wenn ein Vogel sich dort niederließ, dann packte mich der Graus, daß er durch eine ungeheure Fügung zu der Entdeckung beitragen könne; wenn darüber hinweg ein Lufthauch seufzte, dann flüsterte er mir »Mord« ins Ohr. Da gab es keinen Anblick und kein Geräusch – wie gewöhnlich, einfach oder unwichtig auch immer –, die mich nicht mit Furcht erfüllten. Und in diesem Zustand des ununterbrochenen Wachens verbrachte ich drei Tage.

Am vierten kam einer zum Tor, der im Ausland mit mir gedient hatte, begleitet von einem Offizierskameraden, den ich nie zuvor gesehen hatte. Ich fühlte, daß ich es nicht ertragen könnte, die Stelle aus den Augen zu lassen. Es war ein Sommerabend, und ich ließ von meinen Leuten einen Tisch und eine Flasche Wein in den Garten bringen. Dann setzte ich mich *mit meinem Stuhl auf das Grab* und versuchte nun, da ich überzeugt war, daß niemand es ohne mein Wissen aufstöbern konnte, zu trinken und zu reden.

Sie hofften, daß es meiner Frau gut gehe –, daß sie nicht genötigt wäre, ihr Zimmer zu hüten –, daß sie sie nicht verscheucht hätten. Was blieb mir übrig, als ihnen mit stockender Zunge von dem Kind zu erzählen? Der Offizier, den ich nicht kannte, war ein zurückhaltender Mann und hielt den Blick auf den Boden gerichtet, während ich sprach. Selbst dies versetzte mich in Angst. Ich konnte mich nicht der Vorstellung erwehren, daß er dort etwas sehe, was ihn veranlassen würde, die Wahrheit zu vermuten. Hastig fragte ich ihn, ob er annahm, daß – und hielt inne. »Daß das Kind ermordet wurde?« sagte er und sah mich freundlich an: »O nein! Was würde man dadurch gewinnen, daß man ein armes Kind ermordete?« *Ich* hätte ihm sagen können, was ein Mann durch eine solche Tat gewann, niemand besser als ich: Aber ich erwiderte nichts, und mir schauerte wie im Fieber.

Da sie meine Erregung falsch deuteten, versuchten sie, mich mit der Hoffnung aufzumuntern, daß der Knabe sicherlich gefunden würde – eine feine Aufmunterung war das für mich! –, als wir ein langgezogenes tiefes Heulen hörten, und schon sprangen über die Mauer zwei große Hunde, die, in den Garten stürmend, nochmals das gleiche dumpfe Heulen hören ließen.

»Bluthunde!« riefen meine Gäste.

Was brauchten sie mir das zu sagen! Ich hatte diese Rasse noch nie in meinem Leben gesehen, aber ich wußte, was sie waren und in welcher Absicht sie kamen. Ich umklammerte die Armlehnen meines Stuhls, rührte mich nicht und sprach kein Wort.

»Sie sind reinrassig«, sagte der Mann, den ich vom Ausland kannte. »Ohne Zweifel sind sie ihrem Herrn während des Auslaufs entkommen.«

Er wie noch sein Freund wandten sich um, die Hunde zu betrachten, die sich unruhig mit ihren Nasen am Boden bewegten, hin und her, quer durch den Garten und in Kreisen herumrannten, wie wilde Tiere umherjagend, ohne uns im geringsten zu beachten, und die von Zeit zu Zeit das Geheul wiederholten, das wir schon gehört hatten, um dann wieder ihre Nasen auf den Boden zu senken und ernsthaft hier und dort zu wittern. Nun begannen sie, den Boden noch heftiger zu beschnüffeln als zuvor, und obwohl sie noch immer sehr aufgeregt waren, liefen sie nicht länger in so weiten Kreisen herum, sondern hielten sich stärker in der Nähe eines Punktes. Sie verringerten beständig die Entfernung zwischen sich und mir.

Zuletzt drängten sie sich um den Lehnstuhl, in dem ich saß, stießen noch einmal ihr gellendes Heulen aus und versuchten die hölzernen Stangen wegzureißen, die ihnen den Zugang zur Erde darunter versperrten. Ich konnte in den Gesichtern der beiden, die mit mir waren, erkennen, wie ich aussah.

»Sie wittern Beute«, sagten sie wie aus einem Munde.

»Sie wittern keine Beute!« schrie ich.

»Erhebt Euch, um Himmels willen!« sagte der eine, den ich kannte, sehr ernst, »oder sie reißen Euch in Stücke.«

»Sollen sie mich zerfleischen, ich werde niemals diesen Platz verlassen!« schrie ich. »Sollen Hunde Männer in einen schändlichen Tod hetzen können? Haut sie nieder, schlagt sie in Stücke!«

»Hier ist doch etwas faul«, sagte der Offizier, den ich nicht kannte, und zog sein Schwert. »In König Charles' Namen, helft mir, diesen Mann zu arretieren.«

Sie stürzten sich beide auf mich und zogen mich fort, obwohl ich kämpfte und biß und um mich schlug wie ein Verrückter. Nach einem kurzen Handgemenge hielten sie mich ruhig zwischen sich, und dann, mein Gott!, dann sah ich die rasenden Hunde in der Erde wühlen und sie in die Luft schleudern wie Wasser.

Was bleibt mir noch zu berichten? Daß ich auf die Knie fiel und mit klappernden Zähnen die Wahrheit bekannte und um Vergebung flehte. Daß ich später leugnete und jetzt wieder alles gestehe. Daß ich des Verbrechens angeklagt, für schuldig befunden und verurteilt wurde. Daß ich weder den Mut habe, meinem Schicksal vorzugreifen, noch es männlich auf mich zu nehmen. Daß mir weder Mitgefühl zuteil wird, noch Trost, noch Hoffnung, noch ein Freund. Daß glücklicherweise meine Frau zeitweilig jene Fähigkeiten verloren hat, die es ihr ermöglichen würden, mein Elend oder das ihre zu begreifen. Daß ich allein bin in diesem steinernen Verlies mit meinem bösen Geiste und daß ich morgen sterben werde.

Korrespondenz

Master Humphrey wurde mit dem folgenden Brief beehrt, der auf stark duftendem Papier geschrieben und mit hellblauem Wachs, das zwei sehr fette schnäbelnde Tauben darstellte, versiegelt war. Der Brief beginnt nicht mit einer der üblichen formalen Anreden, sondern so, wie es hier wiedergegeben ist.

Bath, Mittwoch nacht.

O Himmel! zu welch einer Indiskretion lasse ich mich gegen mein besseres Wissen verführen! Diese stammelnden Zeilen an einen mir völlig Fremden zu richten, und dieser Fremde einer von einem gegensätzlichen Geschlechte! – und dennoch werde ich in diesen Abgrund geschleudert und habe keine Kraft zur Selbstentreißung (vergebt mir, wenn ich dieses Wort präge) aus der gähnenden Kluft vor mir.

Ja, ich schreibe einem Manne, doch laßt mich nicht daran denken, denn Wahnsinn ist in dem Gedanken. Ihr versteht meine Gefühle? O ja, ich bin sicher, daß Ihr sie versteht, und Ihr werdet sie auch achten und nicht verachten – ja?

Ich will ruhig sein. Dieses Porträt – lächelnd, wie er einst mir lächelte; dieser Stock – baumelnd, wie ich ihn von seiner Hand ich weiß nicht wie oft baumeln sah; diese Beine, die durch meine nächtlichen Träume glitten und nie innehielten, um mit mir zu sprechen; dieses vollkommen edelmännische und doch falsche Original – wär's möglich, daß ich mich irre? Nein, o nein.

Ich will noch ruhiger sein; ich will ruhig sein wie ein Sarg.

Ihr habt einen Brief veröffentlicht von einem, dessen Bild man wiedergibt, doch dessen Namen (und weshalb?) man unterdrückt. Soll *ich* diesen Namen hauchen? Ist er's – doch warum fragen, wenn mein Herz mir nur zu wahrlich kündet, daß er's ist!

Ich will ihn nicht ob seines Verrates tadeln; nicht ihn erinnern an jene Stunden, da er mir den beredtsten aller Schwüre schwor und ein kleines pekuniäres Entgegenkommen meinerseits erwirkte; und doch will ich ihn sehen – sagte ich ›ihn sehen‹ – *ihn* – ach! das ist die Natur des Weibes. Denn wie der Dichter so schön sagt – doch Ihr werdet mir das Gefühl schon von den Lippen abgelesen haben. Ist es nicht süß? Doch, doch, es ist's.

Es war in dieser Stadt (geheiligt durch die Erinnerung), daß ich ihn zum ersten Male sah, und wahrlich, sollte das Glück der Sterblichen irgendwo festgehalten werden, dann sind diese Robber mit ihren Drei- und Sechs-Pennypunkten auf Täfelchen aus himmlischem Messing zusammengerechnet. Er hielt immer einen Trumpf in der Hand – meistens zwei. An diesem ereignisreichen Abend standen wir bei acht. Er hob seinen Blick (leuchtend in seiner verführerischen Süße) zu meinem aufgewühlten Gesicht. »*Könnt* Ihr?« fragte er mit besonderer Bedeutung. Ich spürte den sanften Druck seines Fußes auf dem meinen; im Gleichklang pochten unsere Hühneraugen. »*Könnt* Ihr?« fragte er wieder, und jeder Zug seines ausdrucksvollen Gesichtes fügte die Worte hinzu »mir widerstehen?« Ich murmelte »Nein« und fiel in Ohnmacht.

Sie sagten, als ich wieder zu mir kam, es sei das Wetter. *Ich* behauptete, es käme von der Muskatnuß im Glühwein. Wie wenig ahnten sie doch die Wahrheit! Wie weit waren sie doch davon entfernt, die tiefe geheimnisvolle Bedeutung hinter dieser Erkundigung zu erahnen! Am nächsten Morgen besuchte er mich auf den Knien. Ich will damit nicht sagen, daß er etwa schon in dieser Stellung zur Haustür gekommen wäre, sondern daß er sich auf diese Gelenke niederließ, sobald die Bedienung sich entfernt hatte. Er brachte ein paar Verse in seinem Hut, von denen er sagte, daß sie von ihm stammten, die jedoch, wie ich inzwischen herausfand, von Milton sind; außerdem eine kleine Flasche mit dem Etikett »Laudanum« sowie eine Pistole und einen Stockdegen. Er zog den letzteren, entkorkte die erstere und entsicherte den Abzug seiner Taschenfeuerwaffe. Er war gekommen, sagte er, um zu siegen oder zu sterben. Er starb nicht. Er entrang mir das Eingeständnis meiner Liebe und feuerte die Pistole aus einem Hinterfenster, ehe er sich zu einem leichten Imbiß niederließ.

Treuloser, unbeständiger Mann! Wieviele Zeitalter scheinen nicht verflossen seit seinem unbegreiflichen, verräterischen Verschwinden! Ach, könnte ich ihm doch nicht nur dieses vergeben, sondern auch den geliehenen Mammon, den er nächste Woche zurückzubezahlen versprach! Könnte ich ihn doch von meinen Füßen weisen, wenn er sich reumütig näherte und mit Heiratsabsichten. Würde der schmeichlerische Zauberer noch immer seinen Bann um mich weben, oder sollt' ich ihn gänzlich sprengen und mich in Kälte von ihm wenden! Nicht wag ich's, meine Schwäche mit dieser Vorstellung zu versuchen.

Mein Hirn wirbelt wieder durcheinander. Ihr kennt seine Adresse, seine Beschäftigungen, seine Lebensweise – seid vielleicht mit seinen innersten Gedanken vertraut. Ihr seid eine menschliche und menschenfreundliche Person; enthüllt mir alles, was Ihr wißt – alles; besonders aber Straße und Hausnummer seiner Wohnung. Die Post fährt ab, der öffentliche Ausrufer klingelt – gebe es der Himmel, daß es nicht der Liebe und Hoffnung Totenglöcklein sei für

Belinda.

P. S. Entschuldigt das Umherschweifen einer schlechten Feder und eines dem Wahnsinn nahen Geistes. Zustellung ans Postamt. Der Ausrufer, ungeduldig wegen der Verzögerung, klingelt ganz fürchterlich im Korridor.

P. P. S. Ich öffne dieses, um zu sagen, daß der Ausrufer gegangen ist und daß Ihr dieses nicht vor der nächsten Post erwarten dürft; seid also nicht überrascht, wenn Ihr's nicht bekommt.

Master Humphrey ist der Meinung, daß es ihm nicht zusteht, seiner schönen Briefschreiberin die Adresse des fraglichen Gentleman auszuhändigen, druckt jedoch ihren Brief als einen öffentlichen Appell an seine Treue und Ritterlichkeit.

DRITTES KAPITEL

Master Humphreys Besucher

Wenn ich in nachdenklicher Stimmung bin, dann kann ich meinen trüben Gedanken oft dadurch eine andere Richtung geben, daß ich eine Reihe von schwärmerischen Vorstellungen mit den Gegenständen meiner Umgebung verbinde und mir die Szenen und die Personen ausmale, die sich daraus ergeben.

Diese Gewohnheit hat dazu geführt, daß jedem Raum in meinem Haus und jedem starr blickenden Porträt an seinen Wänden ein ureigenes Interesse zuteil wird. So bin ich überzeugt, daß eine stattliche Dame, fürchterlich anzuschauen in ihrer unbeugsamen Sittsamkeit, die über dem Kamin in meinem Schlafzimmer hängt, die ehemalige Herrin dieses Hauses ist. Im Hof darunter befindet sich ein steinernes Gesicht von unerreichter Häßlichkeit, das ich – aus einer Art Eifersucht, wie ich leider zugeben muß – irgendwie mit ihrem Gemahl verbinde. Über meinem Arbeitszimmer befindet sich ein kleiner Raum, in dem der Efeu durch die Fensterläden lugt und in dem ich ihrer beider Tochter finde, ein liebliches Kind von achtzehn oder neunzehn Jahren, gehorsam in jeder Hinsicht bis auf die eine, nämlich ihre hingebungsvolle Zuneigung zu einem jungen Gentleman im Treppenhaus, dessen Großmutter (in eine unbenutzte Waschküche im Garten verbannt) sich mit einem alten Familienstreit brüstet und die der unversöhnliche Feind ihrer Liebe ist. Aus solchen Stoffen arbeite ich so manches kleine Drama aus, dessen hauptsächliches Verdienst darin besteht, daß ich es nach Belieben zu einem glücklichen Ende führen kann. Ich habe so viele davon zur Hand, daß ich, sollte ich an einem dieser Abende bei meiner Heimkehr einen knurrigen alten Wicht aus dem vorletzten Jahrhundert gemütlich in meinem Lehnstuhl sitzend vorfinden und eine sich in Liebe verzehrende Jungfer, die vergeblich an sein Herz appellierte und ihren weißen Arm auf meine Uhr selbst lehnte, höchstens, so glaube ich, meine Überraschung darüber ausdrücken würde, daß sie mich nicht schon früher mit ihrem Besuch beehrten.

In einer solchen Stimmung befand ich mich, als ich gestern morgen in meinem Garten saß, mich im Schatten meines Lieblingsbaumes des Blühens und Leuchtens rund um mich her erfreute, und das Gefühl der Hoffnung und des Vergnügens durch diese herrliche Jahreszeit, den Frühling, noch belebt ward. Meine Betrachtungen wurden durch das unvermutete Auftauchen meines Barbiers am Ende des Pfades unterbrochen, der mit hastigen Schritten auf mich zukam, die, wie ich sofort erkannte, einen bedeutenden Vorfall ankündigten.

Mein Barbier ist allzeit ein sehr lebhafter, geschäftiger, tätiger kleiner Mann – sozusagen von Kopf bis Fuß rundlich, ohne plump oder schwerfällig zu sein –, aber gestern war sein Eifer so ungewöhnlich, daß er mich tatsächlich überraschte. Denn wie hätte ich übersehen können, als er sich mir näherte, daß seine grauen Augen in ganz ungewöhnlicher Weise funkelten, daß seine kleine rote Nase ganz ungewöhnlich glühte, daß jede Linie in seinem strahlenden runden Gesicht in einem Ausdruck freudiger Überraschung verzerrt und gebogen war und daß seine ganze Erscheinung vor Freude nur so strahlte? Und noch mehr wunderte ich mich, daß meine Haushälterin, die doch sonst so zurückhaltend ist und doch recht viel auf ihre Würde hält, um die Hecke am Ende des Pfades spähte und sich mit dem Barbier gegenseitig zunickte und zulächelte, der zu diesem Zweck zwei- oder dreimal über seine Schulter sah. Ich konnte mir keinerlei Ankündigung vorstellen, der ein solches Aufheben als Einleitung dienen sollte, es sei denn, daß sie einander heute morgen geheiratet hatten.

Ich war daher ein wenig enttäuscht, als sich nur herausstellte, daß sich im Haus ein Herr befände, der mich zu sprechen wünsche.

»Und wer ist es?« fragte ich.

Der Barbier, das Gesicht noch stärker verzogen als zuvor, erwiderte, der Herr wolle nicht mit seinem Namen gemeldet werden, wünsche mich aber zu sehen. Ich dachte einen Augenblick nach, überlegte, wer der Besucher sein könnte, und bemerkte dabei, daß der Barbier die Gelegenheit nutzte, sich ein weiteres Mal mit der Haushälterin gegenseitig zuzunicken, die sich noch immer in einigem Abstand aufhielt.

»Schön!« sagte ich. »Bittet den Herrn zu mir.«

Dies schien die Erfüllung aller Hoffnungen des Barbiers zu sein, denn er drehte sich auf dem Absatz um und rannte sogar davon.

Nun kann ich auf die Entfernung nicht allzu gut sehen, daher war ich anfänglich, als der Herr auf dem Pfade erschien, nicht ganz sicher, ob ich ihn nun kannte oder nicht. Es war ein älterer Herr, der in der nettesten Art einhergetänzelt kam, die man sich nur vorstellen kann, mit unvergleichlicher Gewandtheit der Gartenwalze und den Beeträndern auswich, sich zwischen den Blumentöpfen einen Weg suchte und mit unsäglich guter Laune lächelte. Bevor er noch den Pfad halbwegs heraufgekommen war, begann er, mich zu begrüßen; nun kam er mir bekannt vor, doch als er auf mich zukam, den Hut in der Hand, die Sonne auf seiner Glatze, mit seinem sanften Gesicht, den funkelnden Brillengläsern, den rehfarbenen Strümpfen und den schwarzen Gamaschen – da strömte mein Herz ihm entgegen und ich war ganz sicher, daß es Mr. Pickwick war.

»Mein lieber Herr«, sagte dieser Gentleman, als ich mich erhob, ihn zu begrüßen, »bitte behalten Sie doch Platz. Bitte setzen Sie sich. Nein, meinethalben dürfen Sie nicht stehen. Wirklich, darauf muß ich bestehen.« Mit diesen Worten drückte mich Mr. Pickwick sanft in meinen Stuhl zurück, nahm meine Hand in die seine und schüttelte sie wieder und wieder mit einer Wärme in seinem Benehmen, die ganz unwiderstehlich war. Ich bemühte mich, in meiner Begrüßung etwas von jener Herzlichkeit und Freude, die sein Anblick in mir wachrief, zum Ausdruck zu bringen, und bat ihn, sich neben mich zu setzen. Die ganze Zeit über ließ er meine Hand abwechselnd los und ergriff sie wieder und betrachtete mich durch seine Brillengläser hindurch mit einem so strahlenden Gesicht, wie es mir noch nie zuvor begegnet ist.

»Sie haben mich sofort erkannt!« sagte Mr. Pickwick. »Welche Freude zu denken, daß Sie mich sofort erkannt haben!«

Ich bemerkte, daß ich seine Abenteuer sehr oft gelesen hätte, und daß seine Züge mir von den veröffentlichten Porträts her ganz vertraut wären. Und da ich die Gelegenheit für passend hielt, auf den Umstand hinzuweisen, drückte ich ihm mein Mitgefühl über die verschiedenen Verunglimpfungen seines Charakters aus, die ihren Weg in den Druck gefunden hatten. Mr. Pickwick schüttelte seinen Kopf und sah einen Moment lang recht empört aus, lächelte jedoch gleich wieder und fügte hinzu, daß ich ja wohl ohne Zweifel mit Cervantes' Einleitung zum Zweiten Teil des Don Quichotte vertraut sei, welche vollkommen seiner Einstellung zu diesem Gegenstand entspräche.

»Aber«, sagte Mr. Pickwick, »wundert es Sie denn nicht, wie ich Sie gefunden habe?«

»Darüber werde ich mich niemals wundern, noch, mit Ihrer Erlaubnis, es jemals erfahren«, sagte ich und lächelte ihm meinerseits zu. »Mir ist's genug, daß Sie mir dieses Vergnügen zuteil werden lassen. Ich habe nicht den leisesten Wunsch zu erfahren, auf welchem Wege es mir zuteil ward.«

»Sie sind sehr freundlich«, gab Mr. Pickwick zurück und schüttelte wiederholt meine Hand. »Sie sind so ganz genau, wie ich Sie mir vorgestellt habe! Aber was meinen Sie, zu welchem besonderen Zweck ich Sie aufgesucht habe, mein lieber Herr? Nun, was meinen Sie wirklich, warum ich gekommen bin?«

Mr. Pickwick stellte mir diese Frage, als wäre er überzeugt, daß es mir moralisch unmöglich sei, auf irgendeine Art den tieferen Zweck seines Besuches zu erraten, und daß dieser außerhalb jedes menschlichen Wissensgebietes läge. Daher tat ich so – obwohl ich mich an dem Gedanken freute, seine Absicht sehr wohl durchschaut zu haben –, als wüßte ich gar nichts darüber, und schüttelte nach kurzer Überlegung hoffnungslos den Kopf.

»Was würden Sie sagen«, fragte Mr. Pickwick, legte den Zeigefinger seiner Linken auf meinen Ärmel und sah mich mit zur Seite geneigtem, leicht zurückgeworfenem Kopf an, »was würden Sie sagen, wenn ich bekennte, daß ich, nachdem ich Ihren Bericht über Sie selbst und Ihre kleine Gesellschaft gelesen habe, hierhergekommen bin als demütiger Kandidat für einen dieser leeren Stühle?«

»Ich würde sagen«, gab ich zurück, »daß ich nur von einem Umstand wüßte, der mir diese kleine Gesellschaft noch teurer machen würde, und das wäre ihre Verbindung mit meinem alten Freunde – denn so darf ich Sie doch nennen –, mit meinem alten Freunde, Mr. Pickwick.«

Im Verlaufe dieser Antwort schmolz jeder Zug in Mr. Pickwicks Gesicht zu einem allumfassenden Ausdruck des Entzückens. Nachdem er herzlich meine beiden Hände zugleich geschüttelt hatte, klopfte er mir sanft auf den

Rücken und lief dann – ich verstand sehr wohl, warum – über und über rot an und bedeutete mir mit großem Ernste, er hoffe, mir keinen Schmerz zugefügt zu haben.

Wäre dies der Fall gewesen, so wäre es mir lieber gewesen, er wiederholte die Tat einhundertmal, als daß er dies annähme; doch da dem nicht so war, fiel es mir nicht schwer, den Gesprächsgegenstand zu wechseln, indem ich ihm eine Frage stellte, die mir schon zwanzigmal auf den Lippen gelegen hatte.

»Sie haben mir«, sagte ich, »noch gar nichts über Sam Weller gesagt.«

»Oh! Sam«, erwiderte Mr. Pickwick, »ist noch immer der alte. Derselbe aufrichtige, treue Bursche, der er immer war. Was sollte ich Ihnen über Sam sagen, mein lieber Herr, außer daß er mit jedem Tag meines Lebens unerläßlicher wird für mein Glück und mein Behagen?«

»Und Mr. Weller senior?« sagte ich.

»Der alte Mr. Weller«, gab Mr. Pickwick zurück, »hat sich in keiner Hinsicht mehr verändert als Sam, außer daß er vielleicht noch eigensinniger ist als früher und manchmal vielleicht noch redseliger. Er verbringt jetzt einen großen Teil seiner Zeit in unserer Umgebung und ist in einem Maße zu einem Teil meiner Leibwache geworden, daß ich, wenn ich Sie um die Erlaubnis bitte, an Uhrenabenden Sam einen Stuhl in Ihrer Küche zu überlassen (vorausgesetzt, daß Ihre drei Freunde mich für würdig halten, einen der Stühle zu besetzen), leider recht oft auch Mr. Weller in dieses Ansuchen einschließen muß.«

Ich beeilte mich, ihm zu versichern, daß nicht nur Sam, sondern auch sein Vater zu allen Stunden und Jahreszeiten freien Zutritt zu meinem Hause hätte, und nachdem dieser Punkt geklärt war, stimmten wir in ein längeres Gespräch ein, das von beiden Seiten mit so wenig Zurückhaltung geführt wurde, als wären wir von Jugend an die engsten Freunde gewesen, und das mir die

Prunk-Pendule, Louis XV, um 1750. Das Gehäuse ist mit rotem Schildpatt furniert, mit Einlagen aus Messing, farbigem Horn und Perlmutt

beruhigende Gewißheit vermittelle, daß Mr. Pickwicks geistige Lebenskraft, ja in der Tat all seine alten fröhlichen Eigenschaften uneingeschränkt erhalten waren. Und da er davon gesprochen hatte, daß die Zustimmung meiner Freunde noch ungewiß sei, versicherte ich ihm wiederholt, daß sein Vorschlag sicherlich auf ihre freudigste Zustimmung treffen würde, und beschwor ihn mehrmals, mir doch zu gestatten, ihn ohne weitere Zeremonien Jack Redburn und Mr. Miles (die in der Nähe waren) vorzustellen.

Auf dieses Angebot einzugehen, wollte Mr. Pickwicks Feingefühl ihm jedoch unter keinen Umständen erlauben, denn er bestand darauf, daß seine mögliche Aufnahme in aller Form besprochen werden müsse und daß es ihm, solange dies nicht geschehen sei, unmöglich wäre, sich länger aufzudrängen. Das Äußerste, was ich von ihm erlangen konnte, war das Versprechen, daß er dem nächsten Abend unserer Zusammenkunft beiwohnen würde, so daß ich das Vergnügen hätte, ihn unmittelbar nach seiner Wahl vorzustellen.

Und nachdem Mr. Pickwick unter mannigfachem Erröten ein gerolltes Bündel Papier in meine Hände gelegt hatte, das er als sein »Eignungszeugnis« bezeichnete, stellte er mir eine große Anzahl von Fragen hinsichtlich meiner Freunde, besonders Jack Redburns, den er wiederholt einen »feinen Kerl« nannte und zu dessen Gunsten er, wie ich sehen konnte, bereits stark voreingenommen war. Als ich seine Wißbegier befriedigt hatte, nahm ich ihn hinauf in mein Zimmer, damit er das alte Gemach kennenlernen konnte, das der Ort unserer Zusammenkünfte ist.

»Und dies«, rief Mr. Pickwick und hielt inne, »ist die Uhr! Du meine Güte! Und dies ist wirklich die alte Wanduhr!«

Ich dachte schon, er könne sich nie mehr davon losreißen. Nachdem er vorsichtig auf sie zugeschritten war und seine Hände mit so viel Hochachtung und so vielen lächelnden Blicken darauf gelegt hatte, als ob sie lebendig sei, ging er daran, sie von jeder möglichen Richtung aus zu betrachten, stieg auf einen Stuhl, um das Oberteil zu sehen, ging wieder in die Knie, um den unteren Teil zu erforschen, untersuchte die Seiten, wobei seine Brillengläser beinahe das Gehäuse berührten, und bemühte sich, einen Blick zwischen Gehäuse und Wand zu werfen, um eine Hinteransicht zu gewinnen. Dann wieder trat er ein oder zwei Schritte zurück und sah hinauf zum Zifferblatt, um sie laufen zu sehen, und dann wieder trat er näher heran und hielt den Kopf an eine Seite, um sie ticken zu hören – ohne dabei zu versäumen, alle paar Sekunden zu mir herüberzublicken und mit einer solchen Selbstzufriedenheit, daß mir die Worte fehlen, es zu beschreiben, mit dem Kopf zu nicken. Und seine Bewunderung beschränkte sich auch keineswegs nur auf die Wanduhr, sondern erstreckte sich auf jeden Gegenstand in dem Gemach; und wirklich, als er sie alle durchgegangen war und sich endlich auf alle sechs Stühle gesetzt hatte, einen nach dem anderen, um zu sehen, wie sie sich anfühlten, da bot er ein Bild von so viel Glück und guter Laune, wie ich es noch nie gesehen hatte, vom Scheitel seines glänzenden Kopfes bis zum letzten Knopf seiner Gamaschen.

Ich hätte mich sehr gefreut und seine Gesellschaft aufs höchste genossen, wenn er den ganzen Tag mit mir verbracht hätte, aber meine Favoritin schlug die Stunde und erinnerte ihn daran, daß er sich verabschieden mußte. Ich konnte es mir nicht versagen, ihm noch einmal zu versichern, wie froh er mich gemacht hatte, und wir schüttelten einander den ganzen Weg die Treppe hinunter die Hände.

Wir waren kaum unten in der Halle angekommen, als

schon meine Haushälterin aus ihrem kleinen Zimmer glitt (sie hatte die Haube und das Kleid gewechselt, wie ich bemerkte) und Mr. Pickwick mit ihrem schönsten Lächeln und ihren schönsten Artigkeiten begrüßte; und der Barbier, der so tat, als ginge er ganz zufällig gerade zur Tür, ehrte ihn mit einer gewaltigen Anzahl von Verbeugungen. Wenn die Haushälterin knickste, dann verbeugte sich Mr. Pickwick mit der ausgesuchtesten Höflichkeit, und wenn er sich verbeugte, dann knickste die Haushälterin wieder; zwischen der Haushälterin und dem Barbier drehte und verbeugte sich Mr. Pickwick mit unverminderter Liebenswürdigkeit gut und gern an die fünfzig Mal.

Ich brachte ihn zur Tür; in diesem Augenblick bog ein Omnibus um die Straßenecke, dem Mr. Pickwick ein Zeichen machte und dem er mit außerordentlicher Schnelligkeit hinterherlief. Als er etwa den halben Weg zurückgelegt hatte, wandte er den Kopf, und da er sah, daß ich ihm noch nachblickte und ihm zuwinkte, blieb er stehen, offenbar unschlüssig, ob er zurückkommen und noch einmal Hände schütteln oder aber weiterlaufen sollte. Der Mann hinter dem Omnibus rief etwas, und Mr. Pickwick lief ein Stück weiter auf ihn zu; dann sah er sich zu mir um und rannte wieder ein kleines Stück zurück. Dann ertönte wieder ein Ruf, und er wandte sich wieder um und lief in die andere Richtung. Nach mehreren weiteren derartigen Oszillationen entschied der Mann vom Omnibus die Frage, indem er Mr. Pickwick am Arm packte und ihn in den Wagen beförderte; doch dessen letzte Handlung war, das Fenster herunterzulassen und mir mit seinem Hut zuzuwinken, als er davonfuhr.

Ich verlor keine Zeit, das Papierbündel zu öffnen, das er mir überlassen hatte. Folgendes war sein Inhalt:

Mr. Pickwicks Erzählung

Eine ganze Anzahl von Jahren ist vergangen, seit der alte John Podgers in der Stadt Windsor lebte, wo er geboren und wo er, nach Ablauf seiner Zeit, bequem und behaglich begraben wurde. Ihr dürft mir glauben, daß in der Zeit König Jakobs I. Windsor eine anheimelnde, wunderliche alte Stadt war, und ich bin auch der Gewährsmann dafür, daß John Podgers ein sehr anheimelnder, wunderlicher alter Knabe war; folglich glichen er und Windsor sich aufs Haar und trennten sich selten voneinander, und sei's nur für einen halben Tag.

John Podgers war breit, stämmig, plump, kurz und ein sehr tüchtiger Esser, wie es Männer seiner Figur oft sind. Und da er ein nicht weniger tüchtiger Schläfer war, teilte er seine Zeit ziemlich gleichmäßig zwischen diesen beiden Erholungen auf, indem er immer einschlief, wenn er mit dem Essen fertig war, und immer gleich wieder zur Tafel schritt, wenn er ausgeschlafen hatte; wodurch er jeden Tag seines Lebens schläfriger und korpulenter wurde. Und wirklich ging das Wort um, daß er stets dann, wenn er vor dem Essen auf der Sonnenseite der Straße auf und ab schlenderte (wie er es bei schönem Wetter nie versäumte zu tun), sein tiefstes Nickerchen genoß; doch viele Leute hielten dies für eine Erfindung, da man ihn manches Mal dabei gesehen hatte, wie er an Markttagen fette Ochsen eingehend betrachtete, und da selbst Personen von bestem Stand und Ansehen ihn gehört hatten, wie er bei diesem Anblick in sich hineinkicherte und glückstrahlend vor sich hinmurmelte: »Lebendiges Rindfleisch, lebendiges Rindfleisch!« Dies diente den Weisen von Windsor (zuvorderst natürlich den Stadtvätern) zum Beweise, daß John Podgers ein Mann von starkem, gesundem Menschenverstand sei, nicht gerade vielleicht das, was man schlau nannte, und möglicherweise ein wenig zur Faulheit und zum Schlagfluß neigend, nichtsdestoweniger jedoch ein Mann von großer Solidität und jemand mit viel tieferer Bedeutung, als er zu zeigen beliebte. Dieser Eindruck wurde durch die überaus würdige Art bestätigt, mit der er seinen Kopf zu schütteln und gleichzeitig sein Doppelkinn in schwingende Bewegung zu versetzen verstand; kurz und gut, er galt für einen jener Menschen, welche, in die Themse geworfen, keine läppischen Anstrengungen machen würden, sie in Brand zu setzen, sondern die ernst und gewichtig geradewegs auf den Grund sinken und infolgedessen von allen Wohlgesinnten höflichst respektiert würden.

Da er einen guten Stand hatte in der Welt und ein friedlicher Witwer war – und einen großen Appetit hatte, welcher, da er es sich leisten konnte, ihn zu befriedigen, ein Luxus war und keine Unannehmlichkeit, und die Gabe des Einschlafens besaß, welche, da er keinen Grund hatte, wach zu bleiben, eine höchst beneidenswerte Fähigkeit war –, werdet ihr also ohne weiteres annehmen, John Podgers sei ein glücklicher Mann gewesen. Doch der Schein trügt oft, wenn es am wenigsten danach aussieht, und die Wahrheit ist, daß John Podgers, ungeachtet seiner behaglichen Lebensumstände, sich im Geiste unbehaglich fühlte, ja geradezu litt, und zwar unter einer beständigen Vorahnung, die ihn Tag und Nacht nicht losließ.

Ihr wißt wohl, daß in damaligen Zeiten verschiedentlich böse alte Weiber umgingen, die unter dem Namen Hexen große Unordnung im Land verbreiteten und guten Christenmenschen verschiedene gräßliche Qualen zufügten: Sie steckten Nadeln und Zwecken in sie hinein, wenn diese es am wenigsten erwarteten, und sie ließen sie in der Luft mit den Füßen nach oben laufen, zum großen Entsetzen ihrer Frauen und Kinder, die natürlich äußerst beunruhigt waren, wenn der Hausherr unerwartet heimkam, mit den Absätzen an die Tür klopfte und sich am Kratzeisen frisierte. Dies waren so ihre gewöhnlichen Schwänke, aber sie spielten jeden Tag noch hundert andere, von denen keiner weniger zu beanstanden war, viele jedoch noch viel mehr, da sie obendrein auch noch unschicklich waren; das führte schließlich dazu, daß allen alten Weibern Rache geschworen wurde, und nicht einmal der König empfand Mitgefühl für sie (wie er es sicherlich hätte empfinden sollen), denn mit seiner eigenen Allergnädigsten Hand unterzeichnete er ein Allergnädigstes Urteil, das sie dem immerwährenden Zorne auslieferte, und ersann Allergnädigste Mittel und Wege, sie zu verwirren und abzuschlachten, aufgrund deren kaum ein Tag verging, an dem nicht in irgendeinem Teil seines Reiches eine Hexe allergnädigst gehängt, ertränkt oder geröstet wurde. Doch noch immer wimmelte die Presse von seltsamen und schrecklichen Nachrichten aus Norden oder Süden oder auch Osten oder Westen in bezug auf Hexen und ihre unglücklichen Opfer in irgendeinem Winkel des Landes; und der Öffentlichkeit standen die Haare in einem Grad zu Berge, daß es ihr den Hut vom Kopfe hob und ihr Gesicht vor Schreck erbleichen ließ.

Ihr mögt mir glauben, daß die kleine Stadt Windsor der allgemeinen Ansteckung nicht entging. Zu des Königs Geburtstag kochten die Einwohner eine Hexe und schickten eine Flasche mit dem Sud an den Hof, begleitet von einer ehrerbietigen Erklärung ihrer Loyalität. Der König, dem das Geschenk ziemliche Angst einflößte, überreichte es frommen Sinnes dem Erzbischof von Canterbury und schickte eine Antwort auf ihr Schreiben, in der er ihnen goldene Regeln zum Hexenentdecken gab und großes Gewicht auf bestimmte schützende Talismane legte, besonders auf Hufeisen. Unverzüglich machten sich die Einwohner daran, über jede Tür Hufeisen zu nageln, und so viele ängstliche Eltern schickten ihre Kinder zu

Hufschmieden in die Lehre, um sie vor Unheil zu bewahren, daß dies ein geradezu vornehmer Beruf wurde und ganz ungemein florierte.

Inmitten dieser Aufregung aß und schlief John Podgers wie gewöhnlich, schüttelte aber seinen Kopf noch viel öfter, als das seine Gewohnheit war, und wurde beobachtet, wie er sich die Ochsen weniger und die alten Weiber ausführlicher ansah. In seinem Wohnzimmer ließ er ein kleines Brett anbringen, auf welchem er in einer Reihe, die mit jeder Woche länger wurde, alle Bücher seiner Zeit über Hexerei aufstellte; er wurde zum Fachmann für Abwehrzauber und Austreibungssprüchlein, ließ Andeutungen fallen über zweifelhafte Frauenzimmer auf Besenstielen, die er von seinem Kammerfenster aus beobachtet hatte, wie sie des Nachts durch die Luft ritten, und lebte in ständiger Angst, verhext zu werden. Und da er unaufhörlich nur über diesem einen Gedanken brütete, welcher seinen Kopf, da er in ihm ganz allein war, ohne weiteres beherrschen konnte, wurde endlich die Angst vor Hexen zur alleinigen Leidenschaft seines Daseins. Er, der bis dahin nicht gewußt hatte, was es hieß zu träumen, begann Visionen von Hexen zu haben, wann immer er einschlief; im Wachen waren sie seinem Geiste ebenso unablässig gegenwärtig, und weder im Schlaf noch im Wachen kannte er einen Augenblick der Ruhe. Er begann auf der Hauptstraße Hexenfallen aufzustellen, und oft sah man ihn stundenlang um die Ecke auf der Lauer liegen, um ihre Wirkung zu beobachten. Diese Vorrichtungen waren sehr einfach konstruiert; meistens bestanden sie aus zwei kreuzweise übereinandergelegten Strohhalmen oder einem Stückchen Bibeleinband mit einer Prise Salz darauf; doch sie waren unfehlbar, und wenn ein altes Weib zufällig darüber stolperte (was, da der gewählte Ort holprig und steinig war, nicht selten geschah), fuhr John aus seinem Dämmerzustand hoch, stürzte sich auf sie und hing sich um ihren Hals, bis Hilfe kam, worauf sie sofort abgeführt und ertränkt wurde. Indem er dergestalt fortwährend alte Damen lockte und sich ihrer auf diese summarische Art und Weise entledigte, kam er in den Ruf einer bedeutenden öffentlichen Persönlichkeit; und da ihm bei diesen Unternehmungen nichts weiter zustieß als hin und wieder einmal ein Kratzer im Gesicht, so hieß es mit der Zeit, John Podgers sei gegen Hexen gefeit.

Nur einen Menschen gab es, der den leisesten Zweifel an John Podgers' Talenten hegte, und dieser Mensch war sein eigener Neffe, ein wilder, unsteter Bursche von zwanzig Jahren, der in seines Onkels Haus aufgewachsen war und noch dort wohnte – das heißt, wenn er zu Hause war, was nicht so oft vorkam, wie es hätte können. Da er ein gelehriger Schüler war, war er es, der jede neue fremdartige und furchtbare Mitteilung, die John Podgers kaufte, laut vorlas; und dies tat er immer des Abends auf der kleinen Veranda vor dem Haus, um die sich alsbald die Nachbarn in Scharen versammelten, um die grausigen Neuigkeiten zu hören – denn die Leute lassen sich gerne erschrecken, und wenn sie sich umsonst erschrecken dürfen und auf Kosten eines anderen, dann ist es ihnen um so lieber.

An einem schönen Mittsommerabend war eine Gruppe von Personen an diesem Orte versammelt und lauschte inbrünstig Will Marks (das war des Neffen Name), wie er – die Kappe recht verwegen auf dem Kopfe, den Arm verstohlen um die Taille eines hübschen Mädchens geschlungen, das an seiner Seite saß, und sein Gesicht in komische Falten gelegt, die äußersten Ernst vorstellen sollten – den schaurigen Bericht über einen Gentleman in Northamptonshire las – mit weiß der Himmel wie vielen eigenen Ausschmückungen –, der unter dem Einfluß von Hexerei stand und gewaltsam vom Teufel besessen, ja zu dessen leibhaftigem Spielball wurde. John Podgers in einem hohen spitzen Hut und kurzem Umhang füllte den Stuhl ihm gegenüber und blickte auf die Zuhörerschaft mit einer Mischung aus Stolz und Schauder, die sehr erbaulich zu betrachten war, während die Zuhörer mit vorgereckten Köpfen und offenen Mündern lauschten und zitterten und hofften, daß noch sehr viel mehr käme. Manchmal hielt Will einen Augenblick inne, um einen Blick auf seine eifrigen Zuhörer zu werfen und dann – mit einem noch komischeren Gesichtsausdruck als zuvor und sich bequem zurechtsetzend, was ein Drücken der anfangs erwähnten jungen Dame miteinschloß – mit irgendeinem neuen Wunder zu beginnen, das alle vorangegangenen übertraf.

Die untergehende Sonne warf ihre letzten goldenen Strahlen auf diese kleine Gesellschaft, die – ganz in ihre gegenwärtige Beschäftigung vertieft – weder das Nahen der Nacht bemerkte noch den Glanz, mit welchem der Tag versank, als der Hufschlag eines Pferdes, das sich in flottem Trab näherte, die Stille der Stunde durchbrach und den Vorleser plötzlich innehalten und die Zuhörer die Köpfe verwundert heben ließ. Und ihre Verwunderung wurde nicht geringer, als ein Reiter an die Veranda heransprengte, jäh seinen Hengst zügelte und sich erkundigte, wo ein gewisser John Podgers wohne.

»Hier!« riefen ein Dutzend Stimmen, während ein Dutzend Hände auf den stämmigen John deuteten, der sich noch immer in den Schrecken des Pamphlets sonnte.

Der Reiter reichte die Zügel einem der Umstehenden, stieg ab und näherte sich John, den Hut in der Hand, doch mit großer Eile.

»Woher kommt Ihr?« sagte John.

»Von Kingston, Herr.«

»Und in welcher Absicht?«

»In höchst dringenden Geschäften.«

»Welcher Natur?«

»Hexerei.«

Hexerei? Jedermann blickte entgeistert auf den atemlosen Boten, und der atemlose Bote blickte entgeistert auf jedermann – mit der Ausnahme von Will Marks, der, da er sich unbeobachtet fand, nicht nur die junge Dame wieder drückte, sondern sie auch zweimal küßte. Sicherlich muß er selbst verhext gewesen sein, sonst hätte er das nie getan – und die junge Dame auch, sonst hätte sie es ihn nie tun lassen.

»Hexerei!« rief Will, um den Schall seines letzten Kusses zu übertönen, der ziemlich laut gewesen war.

Der Bote wandte sich ihm zu und wiederholte mit gerunzelter Stirn das Wort noch feierlicher als zuvor; dann teilte er seinen Auftrag mit, der, kurz gesagt, darauf hinauslief, daß die Leute von Kingston die letzten Nächte hindurch durch scheußliche Orgien in höchsten Schrecken versetzt worden wären, die von Hexen unter dem Galgen, keine Meile weit von der Stadt, abgehalten und zufällig von Reisenden, die in Rufweite an dem Orte vorbeigekommen waren, berichtet und bezeugt worden wären; daß der Klang ihrer Stimmen während dieser wüsten Orgien von zahlreichen Personen deutlich gehört worden wäre; daß drei alte Weiber unter starkem Verdacht stünden; daß Präzedenzfälle studiert und der feierliche Rat konsultiert worden wären, der befunden hätte, daß zur Identifikation der Hexen eine einzelne Person allein an dem Ort Wache halten müsse; daß keine einzelne Person den Mut habe, diese Aufgabe auszuführen; und daß er mit dem Auftrag ausgesandt worden sei, John Podgers dringend zu bitten, die Wache noch heute nacht zu übernehmen, als ein Mann von großem Rufe, dessen Leben unter einem Zauber stünde und der gegen unheilige Künste gefeit sei.

John nahm diese Nachricht mit großer Fassung auf

und erwiderte in wenigen Worten, daß es ihm unsagbare Freude bereitet hätte, dem Volke von Kingston einen so geringen Dienst zu erweisen, wäre da nicht seine unselige Neigung einzuschlafen, was beim gegenwärtigen Anlasse niemand mehr bedaure als er selbst, was jedoch die Frage von vornherein erledige. Nichtsdestoweniger, meinte er, wäre da ja noch ein Gentleman anwesend (und dabei starrte er unverwandt auf einen großen Hufschmied), welcher, da er sein ganzes Leben mit der Herstellung von Hufeisen verbracht habe, durch Hexerei gänzlich unverletzbar sein müsse, und der, wie es seinem Rufe von Tapferkeit und Gutmütigkeit nach ganz unzweifelhaft sei, den Auftrag bereitwillig annehmen würde. Der Hufschmied dankte ihm höflich für seine gute Meinung, die zu verdienen er sich weiterhin stets bemühen wolle, fügte jedoch hinzu, daß, was das gegenwärtige Anliegen anginge, er unter keinen Umständen daran denken dürfe, da seine Abwesenheit in einem solchen Auftrage gewißlich das augenblickliche Hinscheiden seiner Ehefrau verursachen müsse, der er, wie sie alle wüßten, in Zärtlichkeit verbunden wäre. Nun, es war dieser Umstand nicht nur vollkommen unbekannt, sondern es hatten alle vielmehr das Gegenteil vermutet, da nämlich der Hufschmied der Gewohnheit verhaftet war, seine Ehefrau eher noch öfter, als zärtliche Ehemänner das sonst im allgemeinen tun, zu verprügeln; es applaudierten jedoch alle Ehemänner unter den Anwesenden seinem Entschlusse mit großem Nachdruck und erklärten samt und sonders, daß sie zu Hause bleiben und, wenn nötig (glücklicherweise war es nicht nötig), in Verteidigung ihrer angetrauten Ehehälften sterben würden.

Nachdem dieser Ausbruch der Begeisterung vorüber war, begannen alle wie verabredet auf Will Marks zu starren, der, seine Mütze noch kecker zur Seite geschoben denn je, die Vorgänge mit außerordentlicher Ruhe verfolgte. Man hatte ihn nie offen seinen Unglauben an das Hexenwesen bekennen hören, aber er hatte darüber so oft Witze von einer Art gerissen, die darauf schließen ließ; so hatte er zum Beispiel mehrmals öffentlich behauptet, daß er einen Besenstiel für ein unbequemes Streitroß hielte und für eins, das besonders unpassend sei für die Würde der weiblichen Person, und hatte sich andere freie Bemerkungen in der nämlichen Richtung erlaubt, zum großen Vergnügen seiner wüsten Kumpane.

Als sie alle so auf Will schauten, begannen sie untereinander zu tuscheln und zu flüstern, und endlich rief einer von ihnen laut: »Warum fragt Ihr nicht Will Marks?«

Da dies genau das war, woran alle gedacht hatten, griffen sie den Satz auf und riefen alle zusammen: »Ah! Warum fragt Ihr nicht Will?«

»*Dem* macht das nichts aus«, sagte der Hufschmied.

»Nein, dem nicht«, fügte eine andere Stimme aus der Menge hinzu.

»Er glaubt nicht dran, wißt Ihr«, höhnte ein kleiner Mann mit einem gelben Gesicht nebst vorlauter Nase und vorlautem Kinn, die er unter dem Arm eines langen Mannes, der vor ihm stand, hervorstreckte.

»Und außerdem«, sagte ein rotgesichtiger Gentleman mit barscher Stimme, »ist er unverheiratet.«

»Genau!« sagte der Hufschmied, und alle verheirateten Männer murmelten, Ah! genau so sei es und sie wünschten nur, sie wären selbst alle noch frei, dann würden sie es ihm schon zeigen, was Unternehmungsgeist sei, und zwar bald.

Der Bote blickte flehentlich auf Will Marks.

»Es wird eine feuchte Nacht, Freund, und mein grauer Klepper ist müde nach der gestrigen Arbeit.«

Hier erhob sich ein allgemeines Gekicher.

»Jedoch«, fuhr Will fort und schaute lächelnd um sich, »wenn niemand sonst einen berechtigten Anspruch darauf erhebt zu gehen, dann bin ich, um des Ansehens unserer Stadt willen, Euer Mann, und wenn ich zu Fuß gehen müßte. In fünf Minuten bin ich im Sattel, falls ich damit nicht einen der würdigen Herrn hier um die Ehre dieses Abenteuers bringe, was ich um nichts in der Welt tun möchte.«

Doch hier erhob sich eine zwiefache Schwierigkeit, denn nicht nur John Podgers bekämpfte diesen Entschluß mit allen Worten, die ihm zur Verfügung standen, und das waren nicht viele, sondern auch die junge Dame bekämpfte ihn mit allen Tränen, die sie zur Verfügung hatte, und das waren tatsächlich sehr viele. Will jedoch blieb unbeugsam, parierte die Einwände seines Onkels mit einem Scherz und entlockte der jungen Dame mit drei kurzen geflüsterten Worten ein Lächeln. Da es klar schien, daß er entschlossen war zu gehen und gehen würde, bot John Podgers ihm ein paar erstklassige Amuletts aus seiner eigenen Tasche an, die er respektvoll ablehnte, und die junge Dame gab ihm einen Kuß, den er ebenfalls zurückgab.

»Ihr seht, was für eine große Sache es ist, verheiratet zu sein«, sagte Will, »und wie vorsichtig und rücksichtsvoll all diese Ehemänner sind. Da ist keiner unter ihnen, dessen Herz nicht danach drängte, mir bei diesem Abenteuer zuvorzukommen, jedoch sein starkes Pflichtgefühl hält ihn zurück. Die Ehemänner dieser einen kleinen Stadt sind der Welt ein leuchtendes Beispiel, und die Ehefrauen im übrigen ebenso, sonst könnten sie sich nicht der Hälfte des Einflusses rühmen, den sie haben!«

Ohne eine Erwiderung auf diese sarkastische Bemerkung abzuwarten, schnippte er mit den Fingern und ging ins Haus und von dort in den Stall, während einige sich damit beschäftigten, dem Boten Erfrischungen anzubieten, und andere dessen Hengst fütterten. In weniger als der vereinbarten Zeit kam Will auf anderem Wege zurück; einen guten Umhang über dem Arm, ein gutes Schwert an die Seite gegürtet, führte er sein gutes Pferd, das für die Reise aufgezäumt war.

»Und nun«, sagte Will und war mit einem Sprung im Sattel, »auf und davon! Nur Mut, Freund, und los geht's! Gute Nacht!«

Er warf dem Mädchen eine Kußhand zu, nickte seinem schlaftrunkenen Onkel zu, grüßte die anderen mit einem Schwenken seiner Kappe – und fort flogen sie, Hals über Kopf, als säßen alle Hexen Englands in den Fesseln ihrer Pferde. Augenblicklich waren sie den Blicken entschwunden.

Die Männer, die zurückblieben, schüttelten zweifelnd ihre Köpfe, strichen sich das Kinn und schüttelten nochmals die Köpfe. Der Hufschmied meinte, Will Marks sei sicherlich ein guter Reiter, keiner solle je sagen, er habe das bestritten: Aber er sei auch ein Draufgänger, ein großer Draufgänger, und keiner könne sagen, wie die Sache noch ausginge; warum er denn überhaupt hätte gehen müssen, das würde er gern wissen. Er wünsche dem jungen Spund ja nichts Böses, aber warum ist er gegangen? Alle pflichteten ihm bei und schüttelten wieder ihre Köpfe, und als sie das erledigt hatten, wünschten sie John Podgers eine gute Nacht und zottelten nach Hause in ihre Betten.

Die Leute von Kingston lagen in ihrem ersten Schlaf, als Will Marks und sein Führer durch die Stadt bis vor das Tor des Hauses ritten, in welchem verschiedene würdige Ratsherrn versammelt waren und ängstlich die Ankunft des berühmten John Podgers erwarteten. Sie waren ein wenig enttäuscht, an seiner Statt einen lustigen jungen Mann zu treffen, machten aber das Beste aus der Sache und gaben ihm ausführliche Anweisungen, wie er sich hinter dem Galgen zu verstecken und die Hexen zu belauschen und zu beobachten hätte und wie er zu einem bestimmten Zeitpunkt hervorspringen und kräftig auf sie einschlagen und einhacken solle, so daß die Verdächtigen des Morgens blutend in ihren Betten vorgefunden und gänzlich vernichtet werden könnten. Weiterhin gaben sie ihm noch eine große Menge nützlicher Ratschläge mit auf den Weg und – was mehr im Sinne Wills war – ein gutes Abendessen. Nachdem all dies geschehen und Mitternacht schon fast herangenaht war, brachen sie auf, um ihm den Ort zu zeigen, an welchem er seine düstere Wache halten sollte.

Die Nacht war finster und bedrohlich geworden. In der Ferne grollte der Donner, und in den Bäumen seufzte leis der Wind, was recht schaurig klang. Die Potentaten der Stadt hielten sich so ungemein nahe an Will, daß sie ihm auf die Zehen traten oder ihm gegen die Knöchel stolperten oder ihm bei fast jedem Schritt, den er tat, unter die Fersen gerieten; und außer diesen Belästigungen klapperten ihre Zähne derart vor Angst, daß ihm schien, als begleite ihn ein Klagelied für Kastagnetten.

Als sie endlich innehielten, lag vor ihnen ein einsamer verlassener Ort. Sie deuteten auf einen schwarzen Gegenstand in einiger Entfernung und fragten Will, ob er das sähe, dort drüben. »Ja«, antwortete er. »Was ist damit?«

Sie teilten ihm kurz angebunden mit, daß dies der Galgen sei, wo er zu wachen habe, wünschten ihm mit auffallender Freundlichkeit eine gute Nacht und rannten dann zurück, so schnell ihre Füße sie trugen.

Will schritt kühn zum Galgen hin, und als er darunter stand und emporblickte, sah er – sicherlich mit Genugtuung –, daß dieser leer war und daß nichts an ihm hing als ein paar eiserne Ketten, die traurig im Winde hin und her schwangen. Nach sorgfältiger Erforschung der Örtlichkeit beschloß er, sich mit dem Gesicht zur Stadt zu postieren; erstens, weil er dann mit dem Rücken zum Winde stand, und zweitens, weil irgendwelche möglichen Possen oder Überraschungen der Wahrscheinlichkeit nach zuerst aus dieser Richtung zu erwarten wären. Nachdem er also diese Vorsichtsmaßnahmen ergriffen hatte, hüllte er sich dergestalt in seinen Umhang, daß der Griff seines Schwertes frei blieb und griffbereit war, lehnte sich an den Galgenbaum, die Mütze nicht mehr ganz so keck zur Seite geschoben wie zuvor, und bezog seine Stellung für die Nacht.

Zweites Kapitel von Mr. Pickwicks Erzählung

Wir verließen Will Marks, mit dem Gesicht zur Stadt an den Galgen gelehnt, mit scharfem Auge, das bemüht war, die Finsternis zu durchdringen, in die Ferne blickend, um jegliche Person oder Personen, die sich ihm etwa näherten, so früh als möglich auszumachen. Aber alles war still, und bis auf das Heulen des Windes, der in Stößen über die Heide brauste, und das Knarren der Ketten, die über seinem Kopf baumelten, durchbrach kein Laut die düstere Stille der Nacht. Nach etwa einer halben Stunde beunruhigte diese Monotonie Will mehr, als es der wildeste Aufruhr vermocht hätte, und er wünschte sich von Herzen irgendeinen Gegner, mit dem er einen ehrlichen, aufrechten Kampf hätte ausfechten können, und wenn's nur darum ginge, sich zu wärmen.

Um die Wahrheit zu sagen, es ging ein bitterkalter Wind, der einem Manne, dessen Blut eben erst vom schnellen Reiten erhitzt und daher um so empfindlicher war gegen den eiskalten Sturm, mitten ins Herz zu blasen schien. Will war ein tapferer Bursche und machte sich nichts aus ein paar harten Schlägen oder scharfen Klingen; aber er brachte es nicht über sich, sich zu bewegen oder umherzugehen, da er nur unbestimmt einen plötzlichen Überfall zu erwarten hatte, was es tröstlicher erscheinen ließ, etwas im Rücken zu haben, selbst wenn dieses Etwas ein Galgenbaum war. Er vertraute dem Aberglauben der Zeit nicht allzusehr, doch was ihm davon einfiel, trug auch nicht dazu bei, ihm die Zeit leichter zu machen oder seine Lage erträglicher zu gestalten. Er erinnerte sich, wie die Hexen angeblich zu dieser Geisterstunde gern in Friedhöfen und an Galgen und ähnlich düsteren Orten zusammenkamen, um die blutende Alraune zu pflücken oder das Fleisch von den Knochen der Toten zu schaben, als kostbare Ingredienzien für ihre Zaubertränke; wie sie, sich des Nachts an einsame Orte stehlend, mit ihren Fingernägeln Gräber aushoben oder sich, bevor sie sich in die Lüfte schwangen, mit einer schmackhaften Pomade aus dem Fett frischgekochter Säuglinge salbten. Diese und viele andere gerüchtweise Praktiken von einer kaum weniger angenehmen Art, und alle nicht ohne einen Bezug auf die Umstände, in denen er sich befand, gingen Will Marks in rascher Folge durch den Kopf, fügten dem Mißtrauen und der Wachsamkeit, die seine Lage verlangte, ein dumpfes Grauen hinzu und machten sie, im großen und ganzen, ungemütlich genug. Und wie er vorausgesehen hatte, begann es auch noch heftig zu regnen, der Wind trieb den Regen in einem dichten Nebel vor sich her, und dieser verhüllte jetzt selbst noch die wenigen Gegenstände, die die Dunkelheit der Nacht zuvor noch undeutlich hatte erkennen lassen.

»Schau!« kreischte eine Stimme. »Gott im Himmel, es ist herabgefallen und steht aufrecht, als wär's am Leben!«

Der Sprecher war knapp hinter ihm, die Stimme fast an seinem Ohr. Will warf seinen Umhang ab, zog sein Schwert, fuhr rasch herum und packte eine Frau am Handgelenk, die mit einem schrecklichen Schrei vor ihm zurückwich und in Abwehr auf die Knie fiel. Eine zweite Frau, die ebenso wie jene, die er gepackt hatte, in Trauer gekleidet war, stand wie festgewurzelt und blickte ihm mit wilden und starren Augen, die ihn mit Entsetzen erfüllten, ins Gesicht.

»Sprecht«, schrie Will, nachdem sie einander auf diese Weise eine Zeitlang ins Gesicht gestarrt hatten, »was seid Ihr?«

»Sagt, was *Ihr* seid«, gab die Frau zurück, »der Ihr selbst noch diesen unzüchtigen Ruheplatz der Toten stört und den Galgen seiner verehrten Bürde beraubt? Wo ist die Leiche?«

Er blickte voll Schrecken und Verwunderung von der Frau, die ihn befragte, zu der anderen, deren Arm er festhielt.

»Wo ist die Leiche?« wiederholte seine Befragerin noch drängender als zuvor. »Ihr tragt keine Amtstracht, die Euch als Mietling der Regierung kennzeichnen würde. Ihr seid keiner unserer Freunde, sonst müßte ich Euch erkennen, denn die Freunde unseresgleichen sind gering an der Zahl. Was aber seid Ihr und zu welchem Ende seid Ihr hier?«

»Ich bin kein Feind der Armen und Hilflosen«, sagte Will. »Zählt Ihr zu diesen? Eurem Aussehen nach solltet Ihr's wohl.«

»Ja, wir gehören zu ihnen!« war die Antwort.

»Wart Ihr es, die hier im Schutze der Nacht geweint und geklagt haben?«

»Wir sind's«, erwiderte die Frau streng und deutete dabei auf ihre Gefährtin: »Sie betrauert einen Mann und ich einen Bruder. Das ist nicht einmal vor jenem blutigen Gesetz, das selbst noch die Toten mit seiner Rache verfolgt, ein Verbrechen, und wenn's eins wäre, dann wäre es doch das gleiche für uns, die wir nicht mehr von seiner Gunst und seinem Schrecken getroffen werden können.«

Will schaute auf die beiden Frauen und konnte undeutlich erkennen, daß diejenige, mit der er sprach, die um vieles ältere war, und die andere jung war und von zarter Gestalt. Beide waren totenbleich, ihre Gewänder naß und abgetragen, ihr zerrauftes Haar flatterte im Wind, und sie selbst waren von Schmerz und Unglück gebeugt: Ihre ganze Erscheinung war ungeheuer niedergeschlagen, elend und verlassen. Dieser Anblick, der so gänzlich verschieden war von dem, den er erwartet hatte, berührte ihn zutiefst, und jeder Gedanke an anderes als ihre mitleidvolle Lage wich davor.

»Ich bin ein einfacher, ungeschliffener Gutsbesitzer«, sagte Will. »Warum ich hier bin, ist mit einem Worte gesagt: Ihr seid in der Stille der Nacht von ferne gehört worden, und ich hab's auf mich genommen, nach Hexen oder Gespenstern Ausschau zu halten. Ich kam hierher in der Hoffnung auf ein Abenteuer und bin bereit, mich auf jedes einzulassen. Wenn ich irgend etwas tun kann, um Euch beizustehen und zu helfen, nennt es; und bei der Treue eines Mannes, der vertrauenswürdig und verschwiegen sein kann, stehe ich Euch bei bis zum Tode.«

»Wie kommt es, daß dieser Galgen leer ist?« fragte die Ältere.

»Ich schwöre Euch«, erwiderte Will, »daß ich darüber so wenig weiß wie Ihr selbst. Aber das weiß ich, daß der Galgen, als ich vor etwa einer Stunde hierherkam, so war wie jetzt, und wenn dem, Eurer Frage zufolge, letzte Nacht nicht so war, dann bin ich sicher, daß die Veränderung im geheimen vor sich ging, ohne Wissen der Leute in der Stadt dort drüben. Besinnt Euch daher, ob Ihr nicht Freunde habt, die mit Euch im Bunde sind oder mit ihm – an dem das Gesetz sein Ärgstes vollzogen hat – und die die traurigen Überreste zum Begräbnis entfernt haben könnten.«

Die Frauen sprachen miteinander, und Will trat ein paar Schritte zurück, damit sie sich untereinander beraten konnten. Er hörte sie schluchzen und stöhnen und sah sie in fruchtloser Qual die Hände ringen. Er verstand nicht viel von dem, was sie sprachen, doch genug, um versichert zu sein, daß sein Vorschlag nicht weit gefehlt war und daß sie nicht nur einen Verdacht hatten, wer die Leiche abgenommen, sondern auch, wohin er sie gebracht haben könnte. Nachdem sie lange miteinander gesprochen hatten, wandten sie sich wieder ihm zu. Diesmal sprach die Jüngere.

»Ihr habt uns Euren Beistand angeboten?«

»Das habe ich.«

»Und ein Gelöbnis getan, das Ihr noch immer einzulösen bereit seid?«

»Ja. Soweit es mir möglich ist, ohne mich in Komplotte und Verschwörungen zu verwickeln.«

»Folgt uns, Freund.«

Will, der inzwischen seine Fassung wiedergewonnen hatte, ließ sich nicht zweimal bitten und folgte ihnen, jedoch das gezogene Schwert in der Hand und seinen Umhang so um den linken Arm gewickelt, daß er ihm als eine Art Schild dienen konnte, ohne ihn in seinen Bewegungen zu behindern. Durch Schlamm und Morast und Wind und Regen gingen sie schweigend eine volle Meile. Endlich bogen sie in einen dunklen Hohlweg, in dem ganz plötzlich, unter Bäumen hervortretend, unter denen er sich untergestellt hatte, ein Mann mit drei gesattelten Pferden am Zügel auftauchte. Eines davon (wie es schien, sein eigenes) übergab er auf ein Flüstern der Frauen hin Will, der, als er sah, daß sie aufsaßen, ebenfalls in den Sattel stieg. Dann ritten sie, ohne daß ein Wort fiel, gemeinsam weiter und ließen den Bedienten zurück.

Sie machten weder halt noch verlangsamten sie ihre Geschwindigkeit, bis sie in der Nähe von Putney waren. Vor einem großen, abgelegenen Holzhaus stiegen sie ab, übergaben ihre Pferde jemandem, der bereits auf sie wartete, traten durch eine Seitentür ein und stiegen eine enge, knarrende Treppe hinauf in eine kleine, holzvertäfelte Kammer, wo Will alleingelassen wurde. Er war noch nicht lange hier, als die Tür leise aufging und ein Kavalier zu ihm hereintrat, dessen Gesicht sich hinter einer schwarzen Maske verbarg.

Will war auf der Hut und betrachtete diese Erscheinung prüfend von Kopf bis Fuß. Die Gestalt war die eines Mannes, der schon weit im Leben fortgeschritten war, jedoch von fester und würdevoller Haltung. Seine Kleidung war von reicher und teurer Art, aber so verschmutzt und unordentlich, daß man sie kaum noch als eines dieser prunkvollen Gewänder erkennen konnte, wie sie der kostspielige Geschmack und die Mode dieser Zeit für Männer von Rang und Ansehen vorschrieb. Er war gestiefelt und gespornt und wies so viele Spuren vom Zustand der Straßen auf wie Will selbst. Er nahm dies alles zur Kenntnis, während die Augen hinter der Maske ihn mit gleicher Aufmerksamkeit betrachteten. Als sie sich derart begutachtet hatten, brach der Kavalier das Schweigen:

»Du bist jung und kühn, und wärst gern reicher, als du bist?«

»Die ersten beiden Dinge bin ich«, gab Will zurück. »An das letztere hab' ich kaum je gedacht. Doch sei's so. Sagen wir, ich wär' gern reicher, als ich bin; was dann?«

»Der Weg dorthin liegt jetzt vor dir«, erwiderte die Maske.

»Zeigt ihn mir.«

»Zuerst laß mich dir sagen, daß du heute nacht hierhergebracht wardst, auf daß du nicht zu früh jenen, die dich auf diese Wache schickten, deine Geschichte erzählst.«

»Das dacht' ich mir, als ich folgte«, sagte Will. »Aber ich bin kein Schwätzer, ich nicht.«

»Gut«, erwiderte die Maske. »Nun höre. Der, dessen Sache es gewesen wäre, die Leiche zu begraben, die, wie du vermutetest, heute nacht abgenommen worden ist, hat uns in unsrer Not allein gelassen.«

Will nickte und dachte bei sich, daß – falls die Maske versuchen sollte, ihm einen Streich zu spielen – die erste Öse an der linken Seite seines Wamses, von den vorderen Knöpfen her gezählt, ein sehr guter Platz wäre, um ihn sauber zu durchbohren.

»Du bist hier, und die Lage ist verzweifelt. Ich schlage dir diese Aufgabe vor: Bring den Leichnam (der sich jetzt eingesargt hier im Hause befindet) so, wie ich es dir sagen werde, morgen abend zur Kirche von St. Dunstan in London, und dein Dienst soll reich entlohnt werden. Du willst fragen, wessen Leichnam es ist. Such's nicht herauszufinden. Ich warne dich, such's nicht herauszufinden. Übeltäter hängen in Ketten überall auf Moor und Heide. Glaub nur, wie andre auch, daß dies einer war, und frage nicht weiter. Die Morde der Staatspolitik, ihre Opfer oder Rächer bleiben solchen wie dir am besten unbekannt!«

»Das Geheime dieses Dienstes«, sagte Will, »spricht für seine Gefährlichkeit. Was ist der Lohn?«

»Hundert Einheiten in Gold«, erwiderte der Kavalier.

»Die Gefahr ist nicht groß für einen, der nicht als Freund einer verlorenen Sache ausgemacht werden kann; aber ganz ungefährlich ist es nicht. Wäge die Gefahr gegen den Lohn.«

»Was ist, wenn ich mich weigere?« fragte Will.

»Dann zieh hin in Frieden, in Gottes Namen«, erwiderte die Maske mit Trauer in der Stimme, »und wahre unser Geheimnis; denk daran, daß die, die dich herbrachten, verzweifelte und heimgesuchte Frauen waren, und daß jene, die dich frei von dannen ziehen ließen, dein Leben mit nur einem Wort hätten nehmen können, und niemand hätt's erfahren.«

In jener Zeit waren die Männer viel eher als heute bereit, sich in verwegene Abenteuer einzulassen. In diesem Fall war die Versuchung groß, und die Strafe, selbst im Falle, daß er entdeckt werden würde, wahrscheinlich nicht allzu hart, da Will einer loyalen Familie entstammte, und sein Onkel in bestem Ansehen stand, und sich leicht eine passende Erklärung für den Leichnam in seinem Besitz und seine Unwissenheit ob dessen Identität ausdenken ließ.

Der Kavalier erklärte, daß man einen überdeckten Karren für den Zweck vorbereitet hätte; daß der Zeitpunkt seines Aufbruchs so gelegt werden könnte, daß er London Bridge in der Abenddämmerung erreichen und die City nach Einbruch der Dunkelheit durchqueren würde; daß ihn am Ende seiner Reise Leute erwarten und den Sarg ohne eine Minute der Verzögerung in eine Gruft senken würden; daß er Neugierige auf den Straßen leicht mit der Auskunft abschrecken könnte, daß er den Leichnam eines an der Pest Verstorbenen überführe; kurz, er wies ihn auf jeden Grund hin, warum sein Auftrag gelingen, und auf keinen, warum er scheitern sollte. Nach einer Weile gesellte sich ein zweiter Herr zu ihnen, maskiert wie der erste, der den bereits vorgebrachten weitere Argumente hinzufügte, und auch die unglückliche Ehefrau fügte ihre Tränen und Bitten diesen ruhigeren Ausführungen hinzu, so daß Will schließlich – getrieben von Mitleid und Gutmütigkeit, von seiner Liebe zum Wunderbaren, von seiner schadenfrohen Erwartung des Entsetzens der Leute in Kingston, wenn er am nächsten Tag verschwunden wäre, und endlich von der Aussicht auf Gewinn – die Aufgabe übernahm und all seine Kraft ihrer erfolgreichen Ausführung widmete.

Am folgenden Abend, als es bereits dunkel war, gab die alte London Bridge mit dumpfem Echo das Poltern des Karrens wieder, der die schaurige Fracht enthielt, die sich in Will Marks' Obhut befand. Soweit verkleidet, daß sein Gewand keinerlei Aufmerksamkeit erregte, schritt Will so unbekümmert neben dem Kopf des Pferdes einher, wie dies einem Manne möglich war, der wußte, daß jetzt der gefährlichste Teil seines Unternehmens vor ihm lag, der jedoch voller Kühnheit und Zuversicht war.

Es war jetzt acht Uhr. Nach neun konnte man sich nur noch unter Lebensgefahr auf die Straßen wagen, und selbst zu dieser Stunde waren Überfälle und Mord keine ungewöhnlichen Vorkommnisse. Die Läden auf der Brücke waren alle geschlossen; die niedrigen hölzernen Bögen, die sich über den Weg spannten, bildeten ebensoviele schwarze Höhlen, in deren jeder die Schurken zu dritt oder zu viert lauerten; einige lehnten aufrecht an der Wand und warteten; andere versteckten sich in den Torwegen und streckten mit finsterem Blick ihre ungekämmten Köpfe hervor; wieder andere kreuzten immer wieder seinen Weg und rempelten sowohl Pferd wie Mann an, in der Absicht, einen Streit anzufangen; andere stahlen sich fort, um mit leisem Pfeifen ihre Genossen herbeizurufen. Und obwohl die Brücke nicht lang war, hörte er einmal sogar scharrende Geräusche und das Klirren von Degen hinter sich; aber Will, der die City und ihre Besonderheiten kannte, hielt immer geradeaus und wandte kaum den Kopf.

Da die Straßen ungepflastert waren, hatte der Regen der Nacht zuvor sie in einen wahren Morast verwandelt, den die sprudelnden Wasserspeier an den Giebeln und der Schmutz und Abfall, der aus den Häusern geworfen wurde, nicht wenig anschwellen ließen. Da diese ekelerregenden Dinge in der dumpfen schweren Luft der Fäulnis preisgegeben waren, verbreiteten sie einen unerträglichen Gestank, zu dem jeder Hof und jeder Durchgang seinen eigenen Beitrag leistete. Viele Teile selbst der Hauptstraßen, über die sich die vorspringenden Geschosse wölbten, die fast den Himmel verdeckten, glichen mehr riesigen Kaminen als offenen Wegen. An manchen Straßenecken brannten große offene Feuer, um das Ausbreiten der Pest zu verhindern, an welcher dem Gerüchte nach in letzter Zeit einige Bürger gestorben waren; und wenige, die sich dieses hellen Scheins bedienten, um einen Moment innezuhalten und sich umzublicken, wären geneigt gewesen, an der Existenz der Krankheit zu zweifeln oder sich über ihre gräßlichen Heimsuchungen zu wundern.

Doch nicht an diesen Schauplätzen, noch in der tief verschlammten Straße begegnete Will Marks dem größten Hindernis auf seinem Weg: Der Abfall in den Straßen diente Gabelweihen und Raben zum Fraß (die einzige Straßenreinigung, die sich die City hielt), die witterten, was er mit sich führte, und dem Karren folgten oder auf ihn flatterten und ihr Wissen um seine Last und ihr gieriges Verlangen auf Beute herauskrächzten. In der Ferne brachen Feuer aus, in denen die armseligen Wohnungen aus Holz und Gips lodernd versanken, und wohin sich Menschenmengen einen Weg bahnten, die begierig nach Plünderung schrien, alle niederschlugen, die sich ihnen entgegenstellten, und heulten wie losgelassene Teufel. Da gab es Männer, die allein auf sich gestellt vor Banden von Strolchen flüchteten, die sie mit gezückten Waffen verfolgten und grausam jagten; da gab es berauschte, zu allem entschlossene Räuber, die aus ihren Höhlen krochen und durch die offenen Straßen schwankten, wo niemand wagte, ihnen zu nahe zu treten; vagabundierende Gefolgsleute auf dem Rückweg vom Bärengarten, wo es an diesem Tag Wettkämpfe gegeben hatte, die ihre verletzten, blutenden Hunde hinter sich herzogen oder auf den Straßen liegen ließen, wo sie starben und verfaulten. Überall herrschte Grausamkeit, Gewalt und Aufruhr.

Zahlreich waren die Störungen, die Will Marks von

diesen Herumstreunern erfuhr, und zahlreich die Fälle, wo er nur mit knapper Not entkam. Mal nahm ein stämmiger Schläger auf dem Karren Platz und bestand darauf, nach Hause gefahren zu werden, dann wieder stürzten sich zwei oder drei Männer gemeinsam auf ihn und verlangten von ihm unter Androhung des Todes, daß er ihnen zeige, was er darin habe. Dann wieder riegelte ein Trupp der Stadtwache auf ihrem Rundgang die Straße ab und unterzog ihn, nicht zufrieden mit seiner Geschichte, einem strengen Verhör und rächte sich mit Maulschellen und Tritten für die Mißhandlungen, die sie von anderen in dieser Nacht erdulden mußten. Alle diese Gegner mußten abgewiesen werden, einige mit freundlichen Worten, andere mit weniger freundlichen, wieder andere mit Schlägen. Aber Will Marks war nicht der Mann, sich jetzt, wo er so weit gekommen war, noch aufhalten oder zurückschicken zu lassen; und wenn er auch nur langsam vorankam, machte er doch seinen Weg durch die Fleet Street und erreichte endlich die Kirche.

Hier war, wie man ihm vorausgesagt hatte, schon alles bereit. Kaum hatte er angehalten, als der Sarg von vier Männern fortgetragen wurde, die so plötzlich auftauchten, als seien sie aus der Erde geschossen. Ein fünfter bestieg den Karren, ließ Will kaum genug Zeit, das kleine Bündel mit jenem Teil seiner Kleidung, den er beim Anlegen seiner Verkleidung abgelegt hatte, herunterzureißen, und fuhr scharf davon. Will sah weder den Wagen noch den Mann jemals wieder.

Er folgte dem Leichnam in die Kirche, und es war gut, daß er keine Zeit dabei verlor, denn das Tor wurde sofort wieder geschlossen. Es gab kein Licht in dem Gebäude, bis auf das von zwei Fackeln, die zwei Männer in Umhängen, die am Rand einer Gruft standen, trugen. Jeder von ihnen stützte eine weibliche Gestalt, und alle bewahrten das tiefste Stillschweigen.

In diesem dämmrigen und feierlichen Schein, der Will das Gefühl gab, daß das Licht selbst tot und die öden Bögen, die von oben dräuten, dessen Grab seien, senkten sie den Sarg barhäuptig in die Gruft und verschlossen sie. Einer der Fackelträger wandte sich dann an Will und streckte ihm seine Hand entgegen, in der er eine Börse mit Gold hielt. Irgend etwas sagte ihm sofort, daß er in dieselben Augen blickte, die er unter der Maske gesehen hatte.

»Nimm«, sagte der Kavalier mit leiser Stimme, »und sei glücklich. Wenn dies auch hastige Obsequien waren, und kein Priester das Werk gesegnet hat, so wird darum hinfort nicht weniger Friede mit dir sein, daß du seine Gebeine neben die seiner kleinen Kinder gebettet hast. Hüte deine Zunge wohl, um deinetwillen nicht weniger als um unseretwillen, und möge Gott mit dir sein!«

»Der Segen einer verwitweten Mutter auf dein Haupt, guter Freund!« rief die jüngere der beiden Frauen durch ihre Tränen, »der Segen einer, die nun weder Hoffnung noch Ruhe mehr hat, es sei denn in diesem Grabe hier!«

Will stand mit der Börse in der Hand und machte unwillkürlich eine Geste, als wollte er sie zurückgeben; denn wenn er auch ein sorgloser Bursche war, so hatte er doch eine offene und großzügige Natur. Aber die beiden Herren löschten ihre Fackeln und drängten ihn zu gehen, da ihre gemeinsame Sicherheit durch ein längeres Verweilen bedroht sei; und schon hallten ihre davoneilenden Schritte durch die Kirche. Er wandte sich daher in die Richtung, aus der er hereingekommen war, und sah an einem schwachen Schein in einiger Entfernung, daß die Tür wieder einen Spalt breit offenstand, ertastete sich seinen Weg dorthin und gelangte so auf die Straße.

Die örtlichen Behörden von Kingston hatten in der Zwischenzeit die ganze vorherige Nacht Wache gehalten, wobei sie sich hin und wieder einbildeten, daß der Wind ihnen gräßliche Schreie zutrüge, sie einander häufig zuzwinkerten, sich immer näher ums Feuer sammelten und auf die Gesundheit des einsamen Wächters tranken, mit dem der anwesende Geistliche, angesichts seines Leichtsinns und jugendlichen Übermuts, besonders streng verfuhr.

Zwei oder drei der Ernstesten in der Gesellschaft, die einen Hang zum Theologischen hatten, legten ihm die Frage vor, ob ein derartiger Charakter nicht nur ungenügend für den Zweikampf mit dem Teufel gerüstet sei und ob nicht der Geistliche selbst ein viel stärkerer Gegner gewesen wäre; jedoch der geistliche Herr wies sie scharf zurecht für ihre Anmaßung, derartige Fragen zu erörtern, und zeigte ihnen eindeutig auf, daß ein passenderer Vorkämpfer als Will kaum hätte gewählt werden können; nicht nur, weil ihn als Kind des Satans das Erscheinen seines eigenen Vaters sicherlich nicht so erschrecken würde, sondern auch, weil Satan selbst sich in solcher Gesellschaft wie zu Hause fühlen würde und ungescheut in einer Weise über die Stränge schlagen könnte, wie er dies mit Sicherheit vor geistlichen Augen niemals wagte, unter deren Einfluß er (wie bekannt) zu einem zahmen und kraftlosen Wesen werde.

Doch als der nächste Morgen kam und mit ihm kein Will Marks, und als eine starke Abordnung sich an den Ort begab – was am hellichten Tag eine starke Abordnung durchaus wagte – und Will verschwunden und den Galgen leer fand, da wurde die Sache wirklich ernst. Und als der Tag verging und keine Nachricht kam, und auch die Nacht ohne jede Neuigkeit verstrich, da wurde die Sache noch viel ernster; kurz, die Nachbarschaft steigerte sich in einen derart angenehmen Höhepunkt von Geheimnis und Entsetzen hinein, daß es sehr die Frage ist, ob das allgemeine Gefühl nicht das der tiefsten Enttäuschung war, als Will Marks am zweiten Morgen zurückkehrte.

Wie dem auch sei, Will kam sehr kühl und gefaßt zurück und schien sich um niemanden zu scheren außer um den alten John Dodgers, welcher, nachdem man ihn geholt hatte, im Rathaus saß, still vor sich hinweinte und zwischendurch einnickte. Nachdem er seinen Onkel umarmt und ihn über seine Sicherheit beruhigt hatte, stieg Will auf einen Tisch und erzählte der Menge seine Geschichte.

Und es wäre sicherlich die unvernünftigste Menge gewesen, die sich je versammelt hat, wenn die Geschichte, die er ihnen aufband, sie auch nur im geringsten enttäuscht hätte; denn er beschrieb nicht nur den Tanz der Hexen, bis hin zur kleinsten Bewegung ihrer Beine, und führte ihn der Rolle gemäß unter Zuhilfenahme eines Besenstiels auf dem Tisch vor, er beschrieb auch, wie sie den Leichnam in einem Kupferkessel davongeschleppt und ihn selbst derart behext hätten, daß ihm die Sinne geraubt worden wären, bis er sich mindestens zehn Meilen weiter unter einer Hecke liegend gefunden hätte, von wo er geradewegs zurückgekehrt sei, wie sie wahrnehmen konnten. Die Geschichte erntete in einem Maße allgemeinen Beifall, daß sie kurz darauf den größten Hexenschnüffler der Zeit mit der Eilpost von London herbeiführte, den Himmelgeborenen Hopkins, der sie – nachdem er Will über mehrere Punkte streng verhört hatte – zu der unerhörtesten und bestbelegten Hexengeschichte aller Zeiten erklärte, unter welchem Titel sie von den »Drei Bibeln« auf der London Bridge veröffentlicht wurde, in kleinem Quartoformat, mit einer Ansicht des Kessels nach einer Originalzeichnung und einem Porträt des geistlichen Herrn, wie er am Kamin sitzt.

In einem Punkt war Will ganz besonders vorsichtig: Er beschrieb die Hexen, die er gesehen hatte, als drei unwahrscheinliche alte Weiber, wie man sie noch nie gesehen hatte noch jemals sehen würde. Auf diese Weise rettete er denen, die verdächtigt wurden, das Leben ebenso wie all den alten Frauen, die man vor ihn schleppte, auf daß er sie identifiziere.

Dieser Umstand bereitete John Podgers viel Schmerz und Kummer, bis eines Tages sein Blick auf seine Haushälterin fiel und er bemerkte, daß sie ganz offenbar unter Rheumatismus litt, worauf er veranlaßte, daß sie als unbezweifelbare Hexe verbrannt wurde. Für diesen Dienst am Staate wurde er sofort in den Adelsstand erhoben und hieß von dieser Zeit an Sir John Podgers.

Es gelang Will Marks nie, das Geheimnis zu entschlüsseln, in welchem er seine Rolle gespielt hatte, weder leistete ihm eine Inschrift in der Kirche, die er nachmals oft besuchte, noch die vorsichtigen Erkundigungen, die er anzustellen wagte, den geringsten Beistand. Da er sich niemandem anvertraute, war er gezwungen, das Gold umsichtig und sparsam auszugeben. Im Verlauf der Zeit ehelichte er die junge Dame, von der ich Euch bereits berichtete, deren Mädchennamen nicht verzeichnet ist, und mit der er ein erfolgreiches und glückliches Leben führte. Jahre und Jahre nach diesem Abenteuer erzählte er ihr gern in stürmischen Nächten, daß ihm der Gedanke ein großer Trost sei, daß diese Knochen, wem auch immer sie einst gehört haben mochten, nicht in der unruhigen Luft verbleichten, sondern zusammen mit dem Staub des eigen Fleisch und Blutes in einem stillen Grabe vermoderten.

Weitere Einzelheiten über Master Humphreys Besucher

Da ich ganz erfüllt war von Mr. Pickwicks Aufnahmegesuch und höchst erfreut über das Kompliment, das er mir gemacht hatte, ist es nicht schwer zu erraten, daß ich schon lange vor unserer nächsten abendlichen Zusammenkunft meinen drei Freunden davon Mitteilung machte und daß diese einhellig für seine Aufnahme in unseren Klub stimmten. Wir alle erwarteten mit einiger Ungeduld den Anlaß, der ihn in unserer Mitte aufnehmen würde, aber ich müßte mich sehr täuschen, wenn Jack Redburn und ich selbst nicht die bei weitem Ungeduldigsten der ganzen Gesellschaft waren.

Endlich kam die Nacht, und ein paar Minuten nach zehn war Mr. Pickwicks Klopfen an der Haustür zu hören. Er wurde ins untere Zimmer geführt, und ich nahm sofort meinen krummen Stock und ging, ihn heraufzubegleiten, damit er mit aller Ehre und Förmlichkeit vorgestellt werde.

»Mr. Pickwick«, sagte ich, als ich zu ihm eintrat, »ich bin glücklich, Sie zu sehen – glücklich in der Hoffnung, daß dies nur der Auftakt zu einer langen Reihe von Besuchen in diesem Hause ist und nur der Anfang einer engen und beständigen Freundschaft.«

Dieser Gentleman gab mit der nur ihm eigenen Herzlichkeit und Offenheit die passende Antwort und blickte lächelnd auf zwei Personen hinter der Tür, die ich zuerst nicht bemerkt hatte, in denen ich aber sogleich Mr. Samuel Weller und seinen Vater erkannte.

Es war ein warmer Abend, aber der ältere Mr. Weller war nichtsdestoweniger in einen höchst geräumigen Mantel gekleidet und sein Kinn in einen großen getupften Schal gehüllt, wie er gewöhnlich von Kutschern im Dienst getragen wird. Er sah sehr rosig aus und sehr stämmig, besonders um die Beine, die offenbar nur mit einiger Schwierigkeit in seine Stulpenstiefel gepreßt worden waren. Seinen breitkrempigen Hut hielt er unter dem linken Arm, und den Zeigefinger der Rechten legte er zahllose Male an die Stirn, als Anerkennung meiner Anwesenheit.

Carteluhr, um 1780. Lindenholz-Gehäuse, polimentvergoldet,
Emailblatt und Glaslunette

»Ich freue mich sehr, Sie bei so guter Gesundheit zu sehen, Mr. Weller«, sagte ich.

»Dank Ihnen schön, Sir«, gab Mr. Weller zurück. »Die Achse ist noch nicht gebrochen. Wir halten immer ein gleichmäßiges Tempo – nicht zu schnell, aber mit einem mäßigen Grad an Reibung –, und die Folge davon ist, daß wir immer noch laufen und regulär pünktlich ankommen. – Mein Sohn Samivel, Sir, wie Ihr's in der Geschichte vielleicht gelesen habt«, fügte Mr. Weller hinzu und stellte seinen Erstgeborenen vor.

Ich begrüßte Sam sehr wohlwollend, aber bevor dieser noch ein Wort sagen konnte, legte sein Vater wieder los. »Samivel Weller, Sir«, sagte der alte Herr, »hat mir den altberühmten Titel eines Großvaters verliehen, der lange brachgelegen hat, ja in unserer Familie schon fast als ausgestorben galt. Sammy, erzähl eine Geschichte von einem der Buben – das Geschichtchen da über den kleinen Tony, wie er sagt, er wird eine Pfeife rauchen, ohne daß seine Mutter das weiß.«

»Sei doch mal endlich still!« sagte Sam. »So eine alte Elster hab' ich noch nie gesehn – nie!«

»Dieser Tony ist der gesegnetste Knabe«, sagte Mr. Weller, unbekümmert um die Ermahnung, »der gesegnetste, den ich je in meinem Leben gesehen hab'! Von all den süßesten Kindern, von denen man sich so erzählt, einschließlich denen, die von den Rotkehlchen zugedeckt wurden, nachdem sie mit Brombeeren Selbstmord begangen hatten, hat's nie einen gegeben wie den kleinen Tony! Immer spielt er mit einem Bierhumpen, dieser Knabe! Wie er sich auf die Schwelle setzt und so tut, als würd' er draus trinken, und danach tief Atem holt und ein Stück Brennholz raucht und sagt: ›Jetzt bin ich Großvater!‹; wie er das mit seinen zwei Jahren vorführt, das ist besser als jedes Stück, das je geschrieben worden ist. ›Jetzt bin ich Großvater!‹ Einen Halbliter-Becher würd' er nicht nehmen, und wenn man ihn ihm schenken täte, aber den Humpen holt er sich und dann sagt er: ›Jetzt bin ich Großvater!‹«

Mr. Weller war von diesem Bild derart überwältigt, daß er straks einen recht beängstigenden Hustenanfall bekam, der sicherlich ein fitales Resultat gezeitigt hätte, wenn nicht Sam geschickt und unverzüglich seinen Vater grad unterm Kinn fest am Schal gepackt, ihn mit großer Heftigkeit hin und her gebeutelt und ihm gleichzeitig ein paar kräftige Hiebe zwischen die Schultern verpaßt hätte. Dank dieser wunderlichen Behandlungsmethode ward Mr. Weller endlich errettet, wenn auch mit einem recht scharlachroten Gesicht und in einem Zustand äußerster Erschöpfung.

»Er ist jetzt wieder in Ordnung, Sam«, sagte Mr. Pickwick, der sich selbst einigermaßen beunruhigt hatte.

»Er ist es, Sir!« rief Sam und blickte vorwurfsvoll auf seinen Erzeuger. »Jawohl, an einem dieser Tage ist er soweit – wird sich selbst soweit bringen und dann wünschen, er hätt's nicht getan. Hat man jemals schon einen so rücksichtslosen alten Kerl gesehen – vor anderen Leuten einen Lachkrampf bekommen und dann auf den Boden stampfen, als hätt' er seinen eigenen Teppich mitgebracht und hätt' eine Wette abgeschlossen, das Muster in einer bestimmten Zeit herauszutreten? Gleich fängt er wieder an. Da – es geht schon wieder los –, was hab' ich gesagt!«

Und tatsächlich konnte man sehen, daß Mr. Weller, der sich im Geist noch immer mit seinem frühreifen Enkel beschäftigte, seinen Kopf hin und her schüttelte, während ein Gelächter, das wie ein Erdbeben unter der Oberfläche arbeitete, verschiedene außerordentliche Erscheinungen in Gesicht, Brust und Schultern hervorrief – was um so beängstigender wirkte, als es von keinem wie immer gearteten Geräusch begleitet war. Diese Gemütsbewegungen ließen jedoch allmählich nach, und nach drei oder vier kurzen Rückfällen wischte er sich mit dem Ärmelaufschlag seines Mantels die Augen und blickte einigermaßen gefaßt um sich.

»Bevor der Herr sich zurückzieht«, sagte Mr. Weller, »gibt es einen Punkt, in bezug auf den Sammy eine Frage hätte. Während diese Frage die hiesige Konversation beschäftigt, werden mir die Herren vielleicht erlauben, daß ich mich zurückziehe.«

»Wozu willst du weg?« wollte Sam wissen und packte seinen Vater am Mantelschoß.

»Noch nie hab' ich einen so pflichtvergessenen Jungen gesehen wie dich, Samivel«, gab Mr. Weller zurück. »Hast du mir nicht feierlich versprochen, um nicht zu sagen gelobt, daß du meinethalben diese Frage stellen willst?«

»Das will ich ja auch tun«, sagte Sam, »aber nicht, wenn du so dreinhaust, wie der Stier sich umdrehte und milde zum Treiber sagte, als sie ihn durch die Tür der Fleischerei trieben. Es geht also darum«, sagte Sam, sich an mich wendend, »daß er in bezug auf die Dame, die was Eure Haushälterin hier ist, etwas wissen will.«

»Bitte. Und was?«

»Also, Sir«, sagte Sam und grinste noch mehr, »er möchte gern wissen, ob sie –«

»Kurz gesagt«, unterbrach ihn der alte Mr. Weller entschieden, und Schweißperlen standen ihm auf der Stirn, »ob dieses alte Geschöpf hier eine Witwe ist oder nicht.«

Mr. Pickwick lachte herzlich, und das tat auch ich, während ich entschieden erklärte, meine Haushälterin sei eine alte Jungfer.

»Da hast du's!« rief Sam, »jetzt weißt du's. Du hörst, sie ist eine alte Jungfer.«

»Eine was?« fragte sein Vater voll tiefer Verachtung.

»Eine alte Jungfer«, erwiderte Sam.

Mr. Weller blickte seinem Sohn ein oder zwei Minuten

lang fest ins Gesicht und sagte dann: »Es ist völlig egal, ob sie Witze macht oder nicht, darum geht es nicht. Was ich meine ist, ist dieses Frauenzimmer hier eine Witwe oder ist sie keine?«

»Was meinst du denn damit, daß sie Witze macht?« wollte Sam wissen, der ganz entsetzt war über die Unverständlichkeit der Rede seines Vaters.

»Misch dich nur nicht ein, Samivel«, gab Mr. Weller gewichtig zurück, »Witze können eine sehr gute Sache sein oder sie können eine sehr schlechte sein, und ein Frauenzimmer mag deshalb um kein Haar besser oder um kein Haar schlechter sein, daß sie Witze macht; aber das hat nichts mit Witwen zu tun.«

»Na so was«, sagte Sam und schaute sich um, »würde ein Mensch denn glauben, daß ein Mann in seinem Alter sich in den Kopf setzt, daß eine alte Jungfer und ein Witzereißer das gleiche sind?«

»Da ist kein Funken Unterschied dazwischen«, sagte Mr. Weller. »Dein Vater hat nicht umsonst so viele Jahre eine Kutsche kutschiert, daß er nicht seiner eigenen Sprache gewachsen wäre, was *das* anlangt, Sammy.«

Um die Frage der Etymologie zu umgehen, betreffs deren die Ansichten des alten Herrn offenbar ein für allemal feststanden, wurde ihm nun wiederholt versichert, daß die Haushälterin niemals verheiratet gewesen sei. Darüber verlieh er seiner höchsten Genugtuung Ausdruck und entschuldigte sich für die Frage, indem er bemerkte, daß er erst vor kurzem von einer Witwe in größten Schrecken versetzt worden sei, und daß seine natürliche Schüchternheit sich in der Folge noch verstärkt hätte.

»Es war auf der Bahn«, sagte Mr. Weller mit starker Betonung, »ich war mit der Bahn nach Birmingham unterwegs und bin in einem kleinen Abteil mit einer lebendigen Witwe eingesperrt worden. Ganz allein waren wir; die Witwe und ich, wir waren ganz allein; und ich glaube, es war nur, weil wir *allein* waren und kein Geistlicher im Waggon war, daß diese Witwe mich nicht geheiratet hat, bevor wir noch zur Station auf halbem Wege kamen. Wenn ich daran denke, wie sie zu schreien anfing, wenn wir im Finstern unter diesen Tunnels fuhren – wie sie da immer ohnmächtig wurde und sich an mir festhielt –, und wie ich versuchte, die Tür aufzubrechen, die fest versperrt war und jede Flucht unmöglich machte. – Ah! Es war eine furchtbare Sache, wirklich furchtbar!«

Mr. Weller war durch die Erinnerung noch derart überwältigt, daß er sich erst mehrere Male die Stirn trocknen mußte, bis er fähig war, auf die Frage zu antworten, ob der Eisenbahnverkehr seine Zustimmung fände, obwohl der Antwort, die er schließlich gab, zu entnehmen war, daß er zu diesem Thema feste Ansichten hegte.

»Meiner Meinung nach«, sagte Mr. Weller, »ist die Eisenbahn verfassungswidrig und ein Einbruch in die Privatsphäre, und ich würde wirklich sehr gern wissen, was dieser alte Carter, der was einst für unsere Freiheiten aufgestanden ist und sie auch errungen hat – ich möchte wissen, was er sagen würde, wenn er heute noch am Leben wäre, daß Engländer mit Witwen eingesperrt werden oder mit sonst jemandem gegen ihren Willen. Was ein alter Carter gesagt hätte, darf auch ein alter Kutscher sagen, und ich behaupte, daß schon in *dem* Gesichtspunkt ganz allein die Eisenbahn eine Zumutung ist. Und was die Bequemlichkeit angeht: Was ist schon so bequem daran, daß man in einem Lehnstuhl sitzt und auf Ziegelmauern schaut oder Misthaufen, nie zu einem Wirtshaus kommt, nie ein Glas Ale sieht, nie durch einen Schlagbaum kommt, nie irgend etwas wechselt (Pferde oder sonst was), sondern nur immer an einen Ort kommt, wenn man überhaupt an einen kommt, der genauso aussieht wie der letzte, mit den gleichen Polizisten, die da herumstehen, der gleichen verwünschten alten Glocke, die da läutet, den gleichen unglücklichen Leuten, die da hinter der Sperre stehen und warten, daß sie eingelassen werden; und alles ganz genau das gleiche, bis auf den Namen, der in gleichgroßen Buchstaben wie der letzte geschrieben ist und mit den gleichen Farben!

Und was die Ehre und die Würde des Reisens angeht: Wie soll das gehen ohne einen Kutscher? Und was ist die Bahn für solche Kutscher und Kutscherbegleiter, als was manchmal damit fahren müssen, als eine Empörung und Beleidigung? Was die Geschwindigkeit angeht: Was für eine Geschwindigkeit, glauben Sie, hätte ich, Tony Weller, aus einer Kutsche herausholen können, für fünfhunderttausend Pfund die Meile, im voraus bezahlt, bevor noch die Kutsche unterwegs war? Und was die Lokomotive angeht: ein grausliches, schnaufendes, knarrendes, ächzendes, pustendes, zerstörerisches Monster, immer außer Atem, mit einem glänzenden grün-goldenen Rücken wie ein scheußlicher Käfer hier in diesem Glasvergrößerer – also, was die Lokomotive angeht, die nachts immer rotglühende Kohlen ausspuckt und bei Tag schwarzen Rauch: Das gescheiteste, das sie meiner Ansicht nach tut, ist, wenn ihr etwas im Weg ist, und sie diesen schrecklichen Schrei ausstößt, wie um zu sagen: ›Hier sind zweihundertundvierzig Passagiere in allergrößter Gefahr, und hier sind ihre zweihundertundvierzig Schreie in einem!‹«

Mittlerweile begann ich zu fürchten, daß meine verlängerte Abwesenheit meine Freunde ungeduldig machen würde. Daher bat ich Mr. Pickwick, mich nach oben zu begleiten, und überließ die beiden Herren Weller der Obhut der Haushälterin und legte ihr dringend ans Herz, sie mit der ausgesuchtesten Gastfreundschaft zu bewirten.

VIERTES KAPITEL

Die Uhr

Als wir hinaufgingen, setzte Mr. Pickwick seine Brille auf, die er bisher in der Hand gehalten hatte, richtete sein Halstuch, strich seine Weste glatt und führte viele andere kleine Vorbereitungen von der Art aus, wie Männer es gern tun, wenn sie zum erstenmal Unbekannten gegenüberstehen, die sie gern günstig beeindrucken würden. Da er sah, daß ich lächelte, lächelte auch er und sagte, daß er, wenn er daran gedacht hätte, bevor er von zu Haus fortgegangen war, sich sicherlich in Halbschuhen und Seidenstrümpfen präsentiert hätte.

»Ich hätte es tatsächlich getan, mein lieber Herr«, sagte er vollkommen ernst, »ich hätte meinen Respekt vor der Gesellschaft dadurch bezeugt, daß ich meine Gamaschen abgelegt hätte.«

»Seid versichert«, sagte ich, »daß sie das zutiefst bedauert hätten, denn sie hängen sehr an den Gamaschen.«

»Nein, wirklich!« rief Mr. Pickwick mit augenfälligem Vergnügen. »Glauben Sie, daß sie meine Gamaschen schätzen? Glauben Sie allen Ernstes, daß sie meine Gamaschen als zu mir gehörig betrachten?«

»Da bin ich völlig sicher«, erwiderte ich.

»Ach nein«, sagte Mr. Pickwick, »das ist der reizendste und angenehmste Umstand, auf den ich hätte treffen können!« Ich hätte diese kurze Konversation nicht niedergeschrieben, wenn sie nicht einen kleinen Punkt in Mr. Pickwicks Charakter offenbart hätte, der mir vorher nicht bekannt war. Er ist ganz im geheimen stolz auf seine Beine. Die Art, in der er sprach, und der begleitende Blick, den er auf seine Strümpfe warf, überzeugten mich, daß Mr. Pickwick seine Beine mit viel unschuldiger Eitelkeit betrachtete.

»Aber hier sind unsere Freunde«, sagte ich, öffnete die Tür und nahm seinen Arm in den meinen, »laßt sie für sich selbst sprechen. – Gentlemen, ich stelle Ihnen Mr. Pickwick vor.«

Mr. Pickwick und ich müssen in dem Augenblick einen guten Kontrast geboten haben. Ich, der ich mich still in einer etwas verhärmten, geduldigen Haltung auf meinen Krückstock lehnte; er, der meinen Arm ergriffen hatte und sich mit höchst elastischer Höflichkeit in alle Richtungen verneigte, mit einem Gesichtsausdruck, dessen muntere Herzlichkeit und gute Laune keine Grenzen kannte. Der Unterschied zwischen uns beiden muß noch auffallender gewesen sein, als wir auf den Tisch zuschritten und der liebenswürdige Herr, seinen heiteren Gang meinen kümmerlichen Schritten anpassend, seine Aufmerksamkeit teilen mußte, um einerseits meiner Behinderung mit der äußersten Rücksicht entgegenzukommen und andererseits so zu tun, als fiele es ihm nicht im mindesten auf, daß ich der Rücksicht bedürfe.

Ich stellte ihn jedem meiner Freunde der Reihe nach persönlich vor. Zuerst dem tauben Gentleman, den er mit viel Interesse betrachtete und mit großer Offenheit und Herzlichkeit ansprach. Er hegte offenbar momentan die vage Vorstellung, daß mein Freund, da er taub war, auch stumm sein müsse; denn als letzterer seinen Mund öffnete, um dem Vergnügen Ausdruck zu verleihen, das es ihm bereitete, einen Gentleman kennenzulernen, von dem er schon so viel gehört hatte, da geriet Mr. Pickwick so außerordentlich außer Fassung, daß ich ihm zu Hilfe kommen mußte.

Die Begrüßung von Mr. Pickwick und Jack Redburn war eine wahre Freude anzusehen. Mr. Pickwick lächelte und schüttelte seine Hand und schaute ihn durch seine

Brillengläser an und darunter hindurch und darüber hinweg und nickte zustimmend mit dem Kopf und nickte dann mir zu, wie um zu sagen: »Ja, das ist genau der Mann, Sie hatten ganz recht«; und dann wandte er sich an Jack und sagte ein paar herzhafte Worte, und dann tat und sagte er alles noch einmal mit unverminderter Lebhaftigkeit. Was Jack selbst angeht, so war er mindestens ebenso sehr entzückt von Mr. Pickwick, wie Mr. Pickwick es nur von ihm sein konnte. Es können einander seit Anbeginn der Welt nicht zwei Leute kennengelernt haben, die einander wärmer oder begeisterter begrüßt hätten.

Es war amüsant, den Unterschied zwischen dieser Begegnung und der darauffolgenden zu beobachten, zwischen Mr. Pickwick und Mr. Miles. Es war klar, daß letzterer Gentleman unser neues Mitglied als eine Art Rivalen in der Zuneigung von Jack Redburn betrachtete, und außerdem hatte er mir gegenüber im geheimen mehr als einmal angedeutet, daß er zwar nicht daran zweifle, daß Mr. Pickwick ein sehr ehrenwerter Mann sei, nichtsdestoweniger jedoch der Ansicht wäre, daß einige seiner Abenteuer sich für einen Mann von seinen Jahren und seinem Ernste nicht geziemten. Über diese Gründe für ein Mißtrauen hinaus ist es auch eine seiner festen Ansichten, daß das Recht von Haus aus sich nie irren kann; in seinen Augen ist daher Mr. Pickwick jemand, der gerecht an Leib und Börse dafür litt, daß er einem schutzlosen weiblichen Wesen das ihm gegebene Wort brach; und er findet, daß man ihm aus dem genannten Grunde mit einigem Mißtrauen begegnen sollte. Diese Ursachen führten zu einem ziemlich kühlen und förmlichen Empfang, welchen Mr. Pickwick mit der gleichen Würde und ausgesuchten Höflichkeit erwiderte, wie sie ihm die andere Seite erwies. In der Tat nahm er einen Ausdruck von derart majestätischer Widerspenstigkeit an, daß ich schon fürchtete, er würde zu irgendeinem feierlichen Protest oder einer Erklärung ausholen, und ihn daher ohne einen Augenblick der Verzögerung zu seinem Stuhl geleitete.

Dieses strategische Manöver war vollkommen erfolgreich. Sobald er Platz genommen hatte, blickte Mr. Pickwick uns alle mit einem Ausdruck des höchsten Wohlwollens an und wurde von einem Lächelanfall gepackt, der volle fünf Minuten währte. Sein Interesse an unseren Zeremonien war immens. Diese sind nicht sehr zahlreich oder kompliziert, und ihre Beschreibung läßt sich in wenige Worte fassen. Da unsere Transaktionen bereits mehr oder weniger vorweggenommen wurden – und notwendigerweise wird das auch in Zukunft so sein –, indem sie auf diesen Seiten zu verschiedenen Gelegenheiten und unter verschiedenen Formen vorgestellt wurden, bedürfen sie keiner detaillierten Aufzählung.

Unsere erste Handlung, wenn wir uns alle versammelt haben, ist, einander die Hände zu schütteln und einander mit fröhlichen und freundlichen Gesichtern zu begrüßen. Eingedenk dessen, daß wir uns nicht nur zur Förderung unseres Glücks zusammenfinden, sondern auch mit dem Ziel, zum Glück der Allgemeinheit etwas beizutragen, wäre ein Ausdruck von Unmut oder Gleichgültigkeit in jedem Mitglied unseres Kreises von den andern als eine Art Verrat aufgefaßt worden. Wir hatten in dieser Hinsicht noch nie einen Straffälligen; doch hätten wir einen, dann würde er ohne jeden Zweifel recht nachdrücklich zur Rechenschaft gezogen werden.

Ist die Begrüßung vorbei, wird das ehrwürdige antike Stück, das uns seinen Namen leiht, in tiefem Schweigen aufgezogen. Diese Zeremonie wird immer von Master Humphrey selbst ausgeführt (wenn ich vom Klub berichte, möge man mir gestatten, den historischen Stil anzunehmen und von mir selbst in der dritten Person zu sprechen), der zu diesem Zwecke mit einem großen Schlüssel bewaffnet auf einen Stuhl steigt. Während dies vor sich geht, muß Jack Redburn sich, von Mr. Miles bewacht, am anderen Ende des Zimmers aufhalten, denn es ist bekannt, daß er gewisse ehrgeizige und unheilige Gedanken in bezug auf die Uhr hegt und selbst soweit gegangen ist zu behaupten, daß – wenn man ihn nur das Uhrwerk ein oder zwei Tage lang herausnehmen ließe – er es seinem Dafürhalten nach verbessern könne. Wir verzeihen ihm seine Anmaßung in Anbetracht seiner guten Absicht und der Tatsache, daß er diesen respektvollen Abstand einhält; auf dieser letzteren Strafmaßnahme müssen wir bestehen, damit er uns nicht – indem er etwa in der Glut seines Eifers, ihn zu verbessern, den Gegenstand unserer Zuneigung an einer empfindlichen Stelle verletze – mit Schrecken und Bestürzung erfülle.

Diese Regelung gewährte Mr. Pickwick höchstes Entzücken und schien, wenn möglich, Jack in seiner guten Meinung noch steigen zu lassen.

Die nächste Zeremonie ist das Öffnen des Uhrgehäuses (von welchem Master Humphrey ebenfalls den Schlüssel hat), das Herausholen von sovielen Aufzeichnungen, als zu unserer Abendunterhaltung nötig sind, und das Einlagern jener Beiträge, die seit unserem letzten Treffen eingegangen sind. Dies geschieht immer mit besonderer Feierlichkeit. Der taube Gentleman füllt und entzündet daraufhin seine Pfeife, und wir nehmen wieder unsere Plätze rund um den oben erwähnten Tisch ein, wobei Master Humphrey als Präsident fungiert – sofern man, da alle einander gleichgestellt sind, von einem Präsidenten sprechen kann – und unser Freund Jack als Sekretär. Nun, da die einleitenden Maßnahmen abgeschlossen sind, wenden wir uns irgendeinem Gesprächsthema zu, das sich gerade ergibt, oder beginnen unverzüglich mit einer unserer Lesungen. In letzterem Fall wird das ausgewählte Werk Master Humphrey übergeben, der es sorgfältig auf dem Tisch glattstreicht und in die Ecke jeder

Seite Eselsohren biegt, damit man sie leicht umblättern kann; Jack Redburn putzt die Lampe mit einer kleinen Maschine seiner eigenen Erfindung, die sie meistens zum Verlöschen bringt; Mr. Miles sieht nichtsdestoweniger mit großer Bewunderung zu; der taube Gentleman zieht seinen Stuhl näher, damit er wahlweise den Worten auf dem Papier oder auf Master Humphreys Lippen folgen kann; und Master Humphrey selbst blickt mit großer Genugtuung in die Runde, wirft einen Blick auf seine alte Uhr und beginnt laut zu lesen.

Mr. Pickwicks Gesicht hätte, während seine Geschichte vorgelesen wurde, die Aufmerksamkeit des teilnahmslosesten Menschen auf Erden erregt. Die selbstzufriedene Bewegung von Kopf und Zeigefinger, mit denen er leise den Takt klopfte und die Luft mit imaginärer Interpunktion korrigierte, das Lächeln, das bei jeder scherzhaften Stelle über seine Züge glitt, und der verstohlene Blick, den er in die Runde warf, um ihre Wirkung zu beobachten, die ruhige Art, wie er die Augen schloß und lauschte, wenn eine kleine Beschreibung vorkam, der wechselnde Gesichtsausdruck, mit dem er den Dialog für sich selbst spielte, seine quälende Sorge, ob der taube Gentleman auch ja verstand, worum es ging, und sein außerordentlicher Eifer, den Vorlesenden zu korrigieren, wenn dieser bei einem Wort des Manuskripts zögerte oder es durch ein falsches ersetzte, das war alles gleichermaßen bemerkenswert. Und als er – in seinem Bemühen, sich dem tauben Gentleman mit Hilfe des Fingeralphabets verständlich zu machen, mit dem er Worte konstruierte, die weder in einer zivilisierten noch in einer wilden Sprache bekannt sind – schließlich eine Schiefertafel aufnahm und darauf in großen Buchstaben – ein Wort je Zeile – schrieb: »Wie – gefällt – es – Ihnen?«, als er das tat, und dem tauben Gentleman in Erwartung einer Antwort die Tafel über den Tisch reichte mit einer Miene, die seine große Aufregung nur noch strahlender und freundlicher machte, da wurde selbst Mr. Miles milde und konnte nicht umhin, ihn für den Augenblick mit Interesse und Zuneigung zu betrachten.

»Es kam mir in den Sinn«, sagte der taube Gentleman, der Mr. Pickwick und alle anderen mit stiller Genugtuung beobachtet hatte, »es kam mir in den Sinn«, sagte der taube Gentleman und nahm die Pfeife aus dem Mund, »daß jetzt die Zeit gekommen ist, unseren letzten leeren Stuhl zu besetzen.«

Da unser Gespräch sich ganz natürlich dem leeren Stuhl zugewandt hatte, liehen wir seiner Bemerkung ein williges Ohr und sahen unseren Freund fragend an,

»Ich bin sicher«, sagte er, »daß Mr. Pickwick jemand kennen muß, der eine Bereicherung für uns wäre; daß er den Mann kennen muß, den wir wollen. Laßt uns bitte keine Zeit verlieren und diese Frage klären. Ist es so, Mr. Pickwick?«

Der so angesprochene Gentleman wollte diese Frage schon mündlich beantworten, als ihm unseres Freundes Gebrechen einfiel, und er diese Art der Antwort durch etwa fünfzigmaliges Nicken ersetzte. Dann nahm er die Schiefertafel auf, schrieb ein riesiges »Ja« darauf, reichte sie über den Tisch, rieb sich die Hände, indem er uns rundherum anblickte, und versicherte uns, daß er und der taube Gentleman einander bereits vollkommen verstünden.

»Die Person, an die ich denke«, sagte Mr. Pickwick, »und die zu erwähnen ich mir erst viel später die Freiheit genommen haben würde, hätten Sie mir nicht jetzt die Gelegenheit dazu geboten, ist ein sehr merkwürdiger alter Mann. Sein Name ist Bamber.«

»Bamber!« sagte Jack. »Den Namen habe ich jedenfalls schon gehört.«

»Dann zweifle ich nicht daran«, gab Mr. Pickwick zurück, »daß Sie sich an ihn aus diesen Abenteuern von mir erinnern, ich meine die Postumen Papiere unseres alten Klubs, obwohl er nur beiläufig erwähnt wird und – falls ich mich recht entsinne – nur einmal auftaucht.«

»So ist's«, sagte Jack. »Warten Sie. Das ist die Person, die ein ernstes Interesse an alten modrigen Anwaltskanzleien und den Rechtshöfen hat, und die einige Anekdoten zu ihrem Lieblingsthema erzählt – und eine kuriose Gespenstergeschichte –, ist das der Mann?«

»Derselbe. Nun«, sagte Mr. Pickwick und senkte seine Stimme zu einem geheimnistuerischen und vertraulichen Flüstern, »er ist eine ganz ungewöhnliche und bemerkenswerte Person; er lebt und spricht und sieht aus wie ein absonderlicher Geist, dessen Vergnügen es ist, durch alte Gebäude zu geistern, und der in einem recht wunderbaren Maße in diesen einen Gegenstand, den Sie eben erwähnten, vertieft ist. Als ich mich ins Privatleben zurückzog, suchte ich ihn auf, und ich versichere Ihnen, je mehr ich von ihm sehe, um so stärker bin ich von der seltsamen und träumerischen Natur seines Geistes beeindruckt.«

»Wo wohnt er?« erkundigte ich mich.

»Er wohnt«, sagte Mr. Pickwick, »in einem dieser öden, einsamen alten Gemäuer, mit denen sich alle seine Gedanken und Geschichten beschäftigen; er lebt völlig allein, und oft schließt er sich gar für mehrere Wochen ein. In dieser staubigen Einsamkeit brütet er über den Phantasievorstellungen, denen er sich schon so lang hingegeben hat, und wenn er in die Welt hinausgeht, oder wenn jemand aus der Welt da draußen ihn besucht, so sind diese ihm auch dann stets gegenwärtig und auch dann sein liebster Gesprächsgegenstand. Ich glaube, ich darf sagen, daß er langsam eine gewisse Zuneigung zu mir gefaßt hat und ein Interesse an meinen Besuchen zeigt; Gefühle, welche er, da bin ich ganz sicher, auch auf ›Master Humphreys Wanduhr‹ ausdehnen würde, wenn man ihn einmal dazu verleiten könnte, sich zu uns zu gesellen. Ich möchte nur, daß Sie wissen, daß er ein eigenwilliger, verschlossener Phantast ist, auf der Welt, aber nicht von dieser Welt, und er gleicht den Mitgliedern dieses Klubs hier so wenig wie allen anderen Menschen, die ich je gesehen oder kennengelernt habe.«

Mr. Miles nahm diese Beschreibung unseres prospektiven Mitglieds mit einem ziemlich schiefen Gesicht auf, und nachdem er gemurmelt hatte, daß er möglicherweise etwas verrückt sei, wollte er wissen, ob er reich sei.

»Das habe ich ihn nie gefragt«, sagte Mr. Pickwick.

»Deshalb könnten Sie es trotzdem wissen, Sir«, gab Mr. Miles scharf zurück.

»Schon möglich, Sir«, sagte Mr. Pickwick nicht weniger scharf, »aber ich weiß es nicht. Außerdem«, fügte er mit seiner üblichen Sanftmut hinzu, »kann ich das kaum beurteilen. Er lebt ärmlich, aber das würde in jedem Fall zu seinem Charakter passen. Ich habe ihn nie von seinen Umständen sprechen hören und habe nie jemanden kennengelernt, der auch nur das geringste darüber gewußt hätte. Ich habe Ihnen wirklich alles berichtet, was ich über ihn weiß, und es bleibt jetzt Ihnen überlassen zu sagen, ob Sie mehr wissen wollen, oder ob Sie bereits durchaus genug wissen.«

Wir waren einhellig der Meinung, daß wir danach trachten sollten, mehr zu erfahren; und als eine Art Kompromiß mit Mr. Miles (der zwar sagte: Ja - oh gewiß – er würde gern mehr über diesen Herrn erfahren – er habe kein Recht, sich dem allgemeinen Wunsch entgegenzustellen, und so weiter, aber zweifelnd seinen Kopf schüttelte und sich mehrere Male mit besonderer Ernsthaftigkeit räusperte) kamen wir überein, daß Mr. Pickwick mich zu einem abendlichen Besuch bei dem Gegenstande unserer Diskussion mitnehmen sollte, zu welchem Zweck sogleich ein baldiges Treffen zwischen ersterem Herrn und mir vereinbart wurde; dabei gingen wir davon aus, daß ich auf eigene Verantwortung handeln und letzteren zu uns einladen würde oder auch nicht, wie immer ich es für richtig hielte. Nachdem diese schwerwiegende Frage entschieden war, wandten wir uns wieder dem Uhrgehäuse zu (worin uns der Leser bereits zuvorgekommen ist), und zwischen seinem Inhalt und den Gesprächen, die sich daraus ergaben, verging unsere restliche Zeit sehr schnell.

Als wir auseinandergingen, nahm Mr. Pickwick mich beiseite, um mir zu sagen, daß er einen höchst bezaubernden und reizenden Abend verbracht habe. Nachdem er mir dies mit der Miene größter Vertraulichkeit mitgeteilt hatte, nahm er Jack Redburn in eine andere Ecke, um ihm das gleiche zu sagen, und zog sich dann mit dem tauben Gentleman und der Schiefertafel in eine weitere Ecke zurück, um seine Versicherung zu wiederholen. Es war erheiternd, den Kampf in seinem Inneren zu beobachten, ob er sein Geständnis auch auf Mr. Miles ausdehnen oder aber ihn mit würdiger Zurückhaltung behandeln sollte. Ein halbes dutzendmal trat er mit freundlichem Gesicht hinter ihn und genausooft trat er wieder zurück, ohne ein Wort zu sagen; endlich, als er dem Ohr dieses Herrn ganz nahe war und schon drauf und dran, etwas Freundliches und Versöhnliches hineinzuflüstern, wandte Mr. Miles zufällig den Kopf, worauf Mr. Pickwick zurücksprang und recht trotzig sagte: »Gute Nacht, Sir – ich wollte eben sagen, ›Gute Nacht‹, Sir – sonst gar nichts«, und ihn mit einer Verbeugung stehenließ.

»Nun, Sam«, sagte Mr. Pickwick, als er unten angekommen war.

»In Ordnung, Sir«, erwiderte Mr. Weller. »Nur festhalten, Sir. Rechter Arm zuerst – jetzt den linken – jetzt noch einmal kräftig aufbäumen, und drin sind Sie im Mantel, Sir.«

Mr. Pickwick handelte diesen Anweisungen entsprechend, und da er dabei noch von Sam unterstützt wurde, der an einer Seite des Kragens zog, und Mr. Weller, der sehr fest an der anderen zog, ward er auf diese Weise recht schnell eingekleidet. Mr. Weller senior brachte darauf eine ausgewachsene Stallaterne zum Vorschein, die er bei seiner Ankunft sorgfältig in eine entlegene Ecke gestellt hatte, und erkundigte sich, ob Mr. Pickwick »die Lichter an« haben wollte.

»Heute abend vielleicht nicht«, sagte Mr. Pickwick.

»Dann woll'n wir sie, wenn die Dame hier gestattet«, bemerkte Mr. Weller, »hierlassen, bereit für die nächste Reise. Diese Laterne hier, Madame«, sagte Mr. Weller und reichte sie der Haushälterin, »hat einmal dem berühmten Bill Blinder gehört, der jetzt für immer auf der Weide ist, wie wir alle einmal, wenn die Reih' an uns ist. Bill, Madame, war der Pferdeknecht für die zwei berühmten gescheckten Leitpferde, die vor der Schnellkutsche nach Bristol liefen und nur richtig zu der Melodie ›Südwind und bewölkter Himmel‹ in Stimmung kamen, was der Kutschbegleiter infolgedessen andauernd spielte, sobald sie im Dienst waren. Eines Nachmittags nun ging's ihm sehr schlecht, nachdem er schon ein paar Wochen lang nicht gut im Futter gestanden hatte und sehr schwach auf den Beinen gewesen war, und er sagt zu seinem Kameraden: ›He, du‹, sagt er, ›ich glaub', ich geh' auf der falschen Seite von der Stange und mein Fuß ist schon ganz nah am Kübel. Sag nicht, das ist nicht wahr‹, sagt er, ›ich weiß das selber am besten, und red mir nicht dazwischen‹, sagt er, ›denn ich hab' ein bißchen Geld gespart, und ich geh jetzt in den Stall und mach meinen letzten Willen und Testament.‹ ›Ich schau drauf, daß dich keiner stört‹, sagt sein Kamerad, ›aber du halt nur deinen Kopf hoch und leg die Ohren ein bißchen an, dann kann man dich noch gute zwanzig Jahre brauchen.‹ Bill Blinder sagt nichts drauf, sondern geht fort in den Stall, und dort legt er sich bald darauf zwischen die zwei Schecken hin und stirbt – nachdem er noch auf die Haferkiste außen drauf geschrieben hat: ›Das is der lezte Vile und Testamint von Villiam Blinder.‹ Die haben sich natürlich alle sehr gewundert, und nachdem sie überall in der Spreu gesucht haben und oben am Heuboden und ich weiß nicht wo, öffnen sie die Haferkiste und finden 'raus, daß er sein Testament mit Kreide innen auf den Deckel geschrieben hat; so daß man den Deckel aus den Angeln heben hat müssen und zum Doctors' Commons schicken, um ihn zu bestätigen, und durch dieses Instrument ist diese Laterne hier auf Tony Weller gekommen; welcher Umstand, Madame, ihr in meinen Augen einen Wert verehrt, und mich auf die Bitte bringt, wenn Sie so freundlich sein wollen, ganz besonders gut drauf aufzupassen.«

Die Haushälterin versprach wohlwollend, den Gegenstand von Mr. Wellers Achtung in sicherste Obhut zu nehmen, und Mr. Pickwick, übers ganze Gesicht lachend, verabschiedete sich. Die Leibwache folgte, Seite an Seite; der alte Mr. Weller, von den Stiefeln bis zum Kinn fest eingewickelt und zugeknöpft, und Sam, die Hände in den Taschen und den Hut halb vom Kopf herunter, der im Gehen noch seinem Vater Vorhaltungen über seine Geschwätzigkeit machte.

Ich war nicht wenig überrascht, als ich beim Hinaufgehen im Gang zu dieser späten Stunde noch den Barbier traf, denn seine Anwesenheit beschränkt sich üblicherweise auf etwa eine halbe Stunde am Morgen. Aber Jack Redburn, der (durch Instinkt, glaube ich) immer alles weiß, was sich im Hause abspielt, teilte mir ganz fröhlich mit, daß sich an diesem Abend in der Küche eine Gesellschaft – in Nachahmung der unseren unter dem Namen von »Mr. Wellers Taschenuhr« – gebildet hätte, der der Barbier als Mitglied angehörte, und er versprach mir fest,

Mittel und Wege zu finden, mich über die gesamten zukünftigen Vorgänge in dieser Gesellschaft auf dem laufenden zu halten, was keinesfalls zu versäumen ich ihn – sowohl um meinetwillen als auch im Hinblick auf meine Leser – dringend bat.

FÜNFTES KAPITEL

Mr. Wellers Taschenuhr

Es scheint, daß die Haushälterin und die beiden Herren Weller anläßlich ihrer ersten Zusammenkunft kaum allein waren, als die Haushälterin auch schon zu ihrer Unterstützung Mr. Slithers, den Barbier, herbeirief – der in Erwartung ihrer Aufforderung bereits in der Küche gelauert hatte – und ihn unter ständigem Lächeln und mit vielen Liebenswürdigkeiten als denjenigen vorstellte, der ihr bei der verantwortungsvollen Aufgabe, ihre berühmten Besucher zu unterhalten, behilflich sein würde.

»In der Tat«, sagte sie, »ohne Mr. Slithers wäre ich da beinahe in eine peinliche Lage geraten.«

»Zur Peinlichkeit ist gar kein Anlaß, Gnädigste«, sagte Mr. Weller mit äußerster Höflichkeit, »nicht der geringste Anlaß. Einer Lady«, fügte der alte Herr hinzu und blickte mit dem Ausdruck eines Menschen in die Runde, der eine unbestreitbare Tatsache festhält, »einer Lady kann nichts peinlich sein. Dafür hat schon die Natur gesorgt.«

Die Haushälterin neigte den Kopf und lächelte mit noch größerer Liebenswürdigkeit. Der Barbier, der Mr. Weller und Sam bisher in einem Zustand größter Sorge, auch ja ihre Bekanntschaft zu vertiefen, unruhig umkreist hatte, rieb sich die Hände und rief: »Hört, hört! Sehr wahr, Sir«, worauf Sam sich umwandte und ihn ein paar Sekunden lang schweigend fixierte.

»Ich habe bisher«, sagte Sam, sein Auge nachdenklich auf den errötenden Barbier geheftet, »ich habe bisher nur einen einzigen von Ihrer Zunft gekannt, aber der war ein Dutzend andere wert und wirklich seinem Berufe geweiht!«

»War er in der Leichtrasur tätig, Sir«, erkundigte sich Mr. Slithers, »oder in der Schneide- und Ondulierbranche?«

»Beides«, erwiderte Sam, »Leichtrasur war seine Natur und Schneiden und Ondulieren sein Stolz und sein Ruhm. Er ging vollkommen in seinem Beruf auf. Sein ganzes Geld und seine Schulden noch dazu gab er für Bären aus, und die brummten den lieben langen Tag im Vorderkeller und knirschten völlig zwecklos mit den Zähnen, während das Fett ihrer Verwandten und Freunde im Geschäft darüber in Salbentiegeln einzeln abgegeben wurde und deren Köpfe die Auslage im Parterre zierten; gar nicht zu reden von dem schrecklichen Ärger, den es ihnen bereiten mußte, draußen auf dem Gehsteig immer einen Mann auf und ab gehen zu sehen mit dem Porträt eines Bären in den letzten Zügen und darunter in großen Buchstaben: ›Wieder wurde gestern ein hervorragendes Exemplar bei Jinkinson geschlachtet!‹. Aber nichts zu machen, da waren sie, und da war Jinkinson, bis er schwer an einem inneren Leiden erkrankte, seine Beine ihn nicht mehr trugen, und er im Bett bleiben mußte, wo er lange Zeit lag; aber derart stolz war er auf seinen Beruf, sogar dann noch, daß immer, wenn es ihm noch schlechter ging als sonst, der Doktor herunterkam und sagte: ›Jinkinson ist schlecht beisammen heute morgen, wir müssen den Bären einen Schubser geben‹, na, und dann gaben sie ihnen tatsächlich ein paar Schubser und brachten sie zum Brüllen, und Jinkinson öffnete seine Augen, da konnte er noch so schlecht beisammen sein, und rief: ›Aha, das sind die Bären!‹ und wurde wieder munterer.«

»Erstaunlich!« rief der Barbier.

»Überhaupt nicht«, sagte Sam, »menschliche Natur, frisch wie importiert. Eines Tages sagt der Doktor zufällig: ›Dann schau ich also morgen wie immer vorbei‹, und Jinkinson packt seine Hand und sagt: ›Doktor‹, sagt er,

›tun Sie mir einen Gefallen?‹ – ›Sicher, Jinkinson‹, sagt der Doktor. ›Dann, Doktor‹, sagt Jinkinson, ›kommen Sie bitte unrasiert und lassen Sie sich von mir rasieren?‹ – ›Sicher‹, sagt der Doktor. ›Gott mit Ihnen‹, sagt Jinkinson. Am nächsten Tag kam der Arzt, und nachdem er geschickt und ordentlich rasiert worden war, sagt er: ›Jinkinson‹, sagt er, ›es ist nicht zu übersehen, daß Ihnen das gut tut. Also‹, sagt er, ›ich habe einen Kutscher, der hat einen Bart, daß Ihnen das Herz höher schlagen wird, wenn Sie sich daran versuchen; und obwohl der Lakai‹, sagt er, ›nicht viel von einem Bart hat, versucht er in einem Maße mit zwei Backenbärten darüber hinwegzutäuschen, daß das Rasiermesser christliche Nächstenliebe ist. Wenn die abwechselnd auf den Wagen unten vor der Tür aufpassen‹, sagt er, ›was könnte Sie daran hindern, die beiden tagtäglich zu bearbeiten und mich mit eingeschlossen? Sie haben doch sechs Kinder‹, sagt er, ›was könnte Sie daran hindern, ihnen allen die Köpfe zu rasieren und stets rasiert zu halten? Sie haben zwei Gehilfen unten im Geschäft, was könnte Sie daran hindern, denen die Haare so oft zu schneiden und zu ondulieren, wie es Ihnen beliebt? Tun Sie das‹, sagt er, ›und Sie sind wieder ein Mann.‹ Jinkinson drückte dem Doktor die Hand und fing am gleichen Tag an; er ließ sein Werkzeug auf dem Bett liegen, und immer, wenn er spürte, wie's ihm wieder schlechter ging, stürzte er sich auf eins von den Kindern, die mit Schädeln wie saubere holländische Käse durchs Haus liefen, und rasierte es noch einmal. Eines Tages kam der Anwalt, um das Testament zu machen, und die ganze Zeit, während er's niederschrieb, schnipselte Jinkinson heimlich mit einer großen Schere an seinen Haaren. ›Was ist denn das für ein schnippelndes Geräusch?‹ sagt der Anwalt ab und zu, ›es klingt, als würd' jemandem das Haar geschnitten.‹ – ›Wahrhaftig, grad als würd' jemandem das Haar geschnitten‹, sagt der arme Jinkinson, versteckt seine Schere und schaut ganz unschuldig drein. Als ihm der Anwalt draufkam, war er schon fast kahl. Auf diese Art hielt sich Jinkinson recht lang am Leben, aber endlich eines Tages läßt er die Kinder der Reihe nach alle holen, rasiert jedes von ihnen noch einmal ganz sauber und gibt ihm einen Kuß auf den Schädel; dann läßt er seine beiden Gehilfen kommen, und nachdem er die beiden nach der letzten Mode geschnitten und gekräuselt hat, sagt er, er tät' gern die Stimme des fettesten Bären hören, welcher Wunsch ihm sofort erfüllt wird; dann sagt er, er fühle sich sehr glücklich und man möge ihn allein lassen; und dann stirbt er, nicht ohne vorher sein eigenes Haar geschnitten und genau in der Mitte der Stirn eine flache Locke gedreht zu haben.«

Diese Anekdote zeitigte eine außerordentliche Wirkung, nicht nur auf Mr. Slithers, sondern auch auf die Haushälterin, die so viel Eifer bekundete zu erfreuen und sich zu freuen, daß Mr. Weller, in einer Weise, die eine gewisse Nervosität verriet, seinen Sohn im Flüsterton befragte, ob er »zu weit« gegangen sei.

»Was meinst du mit ›zu weit‹?« wollte Sam wissen.

»Mit diesem kleinen Kompliment in bezug auf keine Peinlichkeit bei Damen«, antwortete der Vater.

»Du glaubst doch nicht, daß sie sich daraufhin in dich verliebt hat, oder?« sagte Sam.

»Es sind schon unwahrscheinlichere Dinge geschehen, mein Junge«, flüsterte Mr. Weller heiser zurück, »ich hab' ständig Angst vor versehentlichen Vereinnahmungen, Sammy. Wenn ich wüßte, wie ich mich häßlich oder unangenehm machen könnte, ich würd's tun, Samivel, lieber als in diesem Zustande ewigen Schreckens zu leben.«

Mr. Weller hatte, zu diesem Zeitpunkt, allerdings keine weitere Gelegenheit, sich länger bei den Vorahnungen aufzuhalten, die ihn bedrängten; denn der unmittelbare Anlaß seiner Ängste führte sie jetzt die Treppe hinunter

Flötenuhr mit vergoldetem Barockschild, um 1790.
Das Musikwerk mit 32 Flöten spielt sieben Melodien

und entschuldigte sich dafür, daß sie Mr. Weller in die Küche führe, welche Räumlichkeit sie allerdings geneigt sei, ihrem eigenen kleinen Zimmer für seinen Aufenthalt vorzuziehen, um so mehr, da sie mehr Annehmlichkeiten für den Raucher böte und sich unmittelbar neben dem Ale-Keller befände. Die bereits getroffenen Vorbereitungen bewiesen zur Genüge, daß es sich hierbei nicht um leere Worte handelte, denn auf dem groben Holztisch standen ein bauchiger Ale-Krug und Gläser, flankiert von sauberen Pfeifen und einem reichlichen Vorrat an Tabak für den alten Herrn und seinen Sohn, während auf der Anrichte daneben eine gute Portion kalten Fleischs und andere Eßwaren standen. Beim Anblick dieser Vorkehrungen war Mr. Weller zuerst hin- und hergerissen zwischen seiner Neigung zum Frohsinn und seinen Zweifeln, ob sie nicht als Beweis dafür zu werten seien, daß eine Bestrickung bereits stattgefunden hatte; bald jedoch ließ er sich von seinen natürlichen Regungen leiten und setzte sich mit höchst vergnügter Miene zu Tisch.

»Was allerdings eine etwaige Inhalierung dieses wohlriechenden Krautes hier betrifft, Gnädigste, in Gegenwart einer Dame«, sagte Mr. Weller und nahm eine Pfeife auf und legte sie wieder nieder, »so ist derartiges undenkbar. Samivel, völlige Enthaltsamkeit, wenn ich bitten darf.«

»Aber ich liebe das ganz besonders«, sagte die Haushälterin.

»Nein«, erwiderte Mr. Weller und schüttelte den Kopf, »nein.«

»Auf mein Wort, ich liebe es«, sagte die Haushälterin. »Mr. Slithers kann das bezeugen.«

Mr. Weller hustete und sagte trotz der Beteuerungen des Barbiers nochmals »Nein«, wenn auch etwas schwächer als zuvor. Die Haushälterin zündete ein Stück Papier an und bestand darauf, es mit ihren eigenen zarten Händen an den Pfeifenkopf zu halten; Mr. Weller sträubte sich;

die Haushälterin rief, daß sie sich die Finger verbrennen werde; Mr. Weller gab nach. Die Pfeife war entzündet, Mr. Weller tat einen tiefen Zug und ertappte sich dabei, wie er der Haushälterin zulächelte; er setzte ganz schnell eine starre Miene auf und blickte streng auf die Kerze, fest entschlossen, weder selbst zu bestricken noch Gedanken an Bestrickung in anderen zu ermutigen. Aus dieser eisernen Gemütsverfassung wurde er von der Stimme seines Sohnes gerissen.

»Ich glaube nicht«, sagte Sam, der mit viel Gelassenheit und Genuß rauchte, »daß es, falls die Dame nichts dagegen hat, für uns vier so ganz abseits liegen würde, auch einen Klub zu gründen, wie es die alten Herren oben getan haben, und ihn« – und damit deutete Sam mit dem Stiel der Pfeife auf seinen Erzeuger – »zum Präsidenten zu machen.«

Die Haushälterin verkündete leutselig, daß das genau das war, woran auch sie schon gedacht hatte. Der Barbier sagte das gleiche. Mr. Weller sagte gar nichts, legte aber seine Pfeife hin, als wäre ihm eine Erleuchtung zuteil geworden, und führte folgende Manöver aus:

Nachdem er zuerst die drei unteren Knöpfe seiner Weste geöffnet und dabei einen Moment inne gehalten hatte, um den erleichterten Fluß des Atems zu genießen, der eine Folge der Tat war, legte er gewaltsam Hand an seine Uhrkette und zog langsam und unter größten Schwierigkeiten aus seiner Uhrentasche eine riesige silberne Taschenuhr mit doppeltem Gehäuse, die das Taschenfutter mit herausbrachte und sich erst nach größten Anstrengungen und nach einer erstaunlichen Rötung des Gesichts von Mr. Weller befreien ließ. Als er die Uhr endlich herausgeschält hatte, öffnete er das äußere Gehäuse und zog sie mit einem Schlüssel von entsprechender Größe auf; dann schloß er das Gehäuse wieder, hielt sich die Uhr ans Ohr, um sich davon zu überzeugen, daß sie wirklich ging, und schlug sie dann ein halbes dutzendmal kräftig auf den Tisch, um ihre Leistung zu verbessern.

»Das«, sagte Mr. Weller und legte sie mit dem Zifferblatt nach oben auf den Tisch, »ist Titel und Emblem unserer Gesellschaft hier. Sammy, rück die zwei Hocker her, als die leeren Stühle. Meine Damen und Herrn. Mr. Wellers Taschenuhr ist aufgezogen und läuft. Zur Ordnung!«

Um seiner Proklamation Nachdruck zu verleihen, klopfte Mr. Weller mit seiner Uhr – die er wie das Hämmerchen eines Präsidenten benutzte und über die er mit großem Stolz bemerkte, daß ihr nichts schade, ja daß Stürze und Stöße jeder Art wesentlich die Arbeit des Uhrwerks verbesserten und den Regulator stützten – zahllose Male auf den Tisch und erklärte die Gesellschaft förmlich für gegründet.

»Und daß mir nur keiner über den Vorsitzenden grinst, Samivel«, sagte Mr. Weller zu seinem Sohn, »sonst muß ich dich in den Keller verbannen, und dann bekommen wir vielleicht, was die Amerikaner eine Klemme nennen und die Engländer eine Privilegienfrage.«

Nachdem er diese freundliche Verwarnung geäußert hatte, lehnte sich der Präsident mit großer Würde in seinem Stuhl zurück und ersuchte Mr. Samuel um eine Geschichte.

»Hab' schon eine erzählt«, sagte Sam.

»Sehr wohl, Sir, erzählen Sie noch eine«, gab der Vorsitzende zurück.

»Wir haben doch gerade«, sagte Sam und wandte sich an Slithers, »von Barbieren gesprochen. Dieses fruchtbare Thema weiterverfolgend, Sir, erzähle ich Ihnen in wenigen Worten eine romantische kleine Geschichte, die Sie vielleicht noch nicht gehört haben, über einen anderen Barbier.«

»Samivel«, sagte Mr. Weller und ließ Tisch und Uhr wieder heftig zusammenstoßen, »richte deine Bemerkungen an den Vorsitzenden und nicht an private Individuen!«

»Und wenn ich hier einen Geschäftsordnungsantrag stellen dürfte«, sagte der Barbier mit leiser Stimme, schaute mit einem versöhnlichen Lächeln in die Runde und beugte sich, die Knöchel seiner linken Hand aufstützend, über den Tisch, »wenn ich einen Geschäftsordnungsantrag stellen *dürfte,* dann würde ich vorschlagen, daß ›Barbier‹ eigentlich nicht gerade der Ausdruck ist, der unsere Gefühle erfreut und angenehm berührt. Sie, Sir, werden mich verbessern, wenn ich mich irre, aber ich glaube doch, es *gibt* im Wörterbuch ein Wort wie ›Frisör‹.«

»Gut, aber angenommen, er war kein Frisör«, meinte Sam.

»Was denn, Sir, seien Sie parlamentarisch und nennen Sie ihn um so mehr einen«, gab sein Vater zurück. »Genauso, wie an einem anderen Ort jeder Herr ein Ehrenwerter Herr ist, so ist bei uns hier jeder Barbier eben ein Frisör. Wenn Sie die Reden in den Zeitungen lesen und sehen, wie da ein Herr zum anderen sagt: ›Das Ehrenwerte Mitglied, wenn es mir erlaubt, es so zu nennen‹, dann verstehen Sie, Sir, daß das bedeutet: ›Wenn es mir gestattet, diese angenehme und allgemeine Fiktion aufrechtzuerhalten‹.«

Es ist eine allgemeine Beobachtung, bestätigt von Geschichte und Erfahrung, daß große Männer mit den Umständen wachsen, in die sie hineingestellt werden. Mr. Weller kam in seiner Eigenschaft als Vorsitzender so groß heraus, daß Sam für einige Zeit durch ein Grinsen der Überraschung, das seine Sinne wie gefangen hielt und sich schließlich in einem langen eintönigen Pfiff niederschlug, daran gehindert wurde weiterzusprechen. Ja, der alte Herr schien sogar über sich selbst erstaunt zu sein, und das in nicht geringem Ausmaß, wie aus dem umfänglichen Geglucksе hervorging, dem er sich nach der Äußerung dieser scharfsinnigen Bemerkungen hingab.

»Hier nun die Geschichte«, sagte Sam. »Es war einmal ein junger Frisör, der ein sehr flottes kleines Geschäft aufgemacht hatte, mit vier Wachspuppen im Fenster, zwei Herren und zwei Damen – die Herren mit blauen Tupfen als Bärten, sehr vollen Backenbärten, kühnen Haarschöpfen, ungewöhnlich klaren Augen und Nasenlöchern von erstaunlichem Rosa; die Damen hatten die Köpfe zur Seite geneigt, die rechten Zeigefinger an den Lippen und wunderbar entwickelte Formen, in welcher Hinsicht sie den Herren überlegen waren, denen nur wenig Schulter gegönnt war, und die etwas abrupt in Faltenwürfen endeten. Er hatte auch allerhand Haarbürsten und Zahnbürsten ins Schaufenster gestopft, hatte saubere Glaskästen auf der Theke, ein mit Teppich ausgelegtes Haarschneidezimmer im ersten Stock und eine Tafelwaage im Geschäft, gleich gegenüber der Tür. Aber die größte Attraktion und Zierde waren die Wachspuppen; der junge Frisör lief dauernd hinaus auf die Straße, um sie anzusehen, und lief dauernd wieder hinein, um sie zu putzen oder zurechtzuzupfen; kurz, er war so stolz auf sie, daß ihm an Sonntagen immer ganz unglücklich und elend zumute war bei dem Gedanken, daß sie hinter den Fensterläden standen, und er aus diesem Grund den Montag kaum erwarten konnte. Eine dieser Wachspuppen war ihm die Liebste vor den anderen; und wenn manche seiner Bekannten ihn fragten, warum er denn nicht heirate – was ihn besonders die jungen Damen seiner Bekanntschaft oft fragten –, dann sagte er immer: ›Nie! Nie werde ich mich in die Fesseln der Ehe begeben‹, sagte er, ›bis ich nicht eine junge Frau finde, die meinem Ideal von der schönsten Wachspuppe hier mit dem blonden Haar entspricht. Dann, und erst dann‹, sagte er, ›will ich mich dem Altare nähern.‹ All die dunkelhaarigen jungen Damen seiner Bekanntschaft erklärten ihm, daß das eine Sünde wäre und daß er ein Götzenbild anbeten würde; aber die, deren Farbtöne auch nur halbwegs denen der Wachspuppe ähnelten, erröteten ganz fürchterlich, und man konnte bemerken, daß sie ihn für einen sehr netten jungen Mann hielten.«

»Samivel«, sagte Mr. Weller gewichtig, »da ein Mitglied unserer Gesellschaft diesem zarten Geschlechte angehört, auf das da direkt Bezug genommen wurde, muß ich darum bitten, daß du keinerlei Andeutungen machst.«

»Ich mach' doch keine, oder?« wollte Sam wissen.

»Zur Ordnung, Sir!« mahnte Mr. Weller mit gestrenger Würde. Dann ließ er den Vorsitzenden im Vater untergehen und fügte mit seiner gewöhnlichen Stimme hinzu: »Samivel, fahr weiter!«

Sam und die Haushälterin lächelten sich zu, und er fuhr fort: »Der junge Frisör hatte diesen Schwur kaum sechs Monate lang zum besten gegeben, als er eine junge Dame kennenlernte, die seiner schönsten Wachspuppe wie aus dem Gesicht geschnitten war. ›Jetzt‹, sagte er, ›ist alles aus. Ich bin ein Sklave!‹ Die junge Dame war nicht nur der Wachspuppe wie aus dem Gesicht geschnitten, sie war auch sehr romantisch, genau wie der Frisör, und er sagt: ›Oh!‹ sagt er, ›hier haben wir einen Gleichklang der Gefühle, ein Strömen der Seelen!‹ sagt er, ›hier haben wir einen Austausch der Empfindungen!‹ Die junge Dame hat nicht viel gesagt, natürlich, aber sie äußerte sich einverständlich und kam ihn bald darauf mit einem gemeinsamen Freund besuchen. Der Frisör stürzt hinaus, um sie zu empfangen, aber kaum hat sie einen Blick auf die Wachspuppen geworfen, als sie die Farbe wechselt und heftig zu zittern beginnt. ›Blick auf, Geliebte‹, sagt der Frisör, ›erschau dein Abbild hier im Fenster, doch nicht genauer als in meinem Herzen!‹ – ›Mein Abbild!‹ sagt sie. ›Deiniges!‹ erwidert der Frisör. ›Und wem sein Abbild ist *dieses*?‹ sagt sie und deutet auf einen von den beiden Herrn. ›Niemand seins, Geliebte‹, sagt er, ›das ist nur eine Idee.‹ – ›Eine Idee‹, schreit sie. ›Es ist ein Porträt, ich fühl's, daß es ein Porträt ist, und dieses edle Gesicht hier muß beim Militär sein!‹ – ›Was hören meine Ohren!‹ sagt er und zerrauft sich seine Locken. ›William Gibbs‹, sagt sie mit fester Stimme, ›sprich mir nie nicht wieder davon. Ich achte dich als Freund‹, sagt sie, ›doch meine Zuneigung gilt dieser männlichen kühnen Stirn.‹ – ›Das‹, sagt der Frisör, ›ist echt das Letzte, und darin erkenne ich die Hand des Schicksals. Leb wohl!‹ Mit diesen Worten stürzt er ins Geschäft, bricht der Wachspuppe mit einem Schlag seiner Brennschere die Nase, schmilzt sie im Wohnzimmerkamin und lächelt niemals wieder.«

»Und die junge Dame, Mr. Weller?« fragte die Haushälterin.

»Nun Gnädigste«, sagte Sam, »da sie fand, daß das Schicksal ihr böse gesonnen war, ebenso wie alle anderen Leute, denen sie begegnete, lächelte auch sie nie mehr, sondern las eine Menge Gedichte und verschmachtete – allerdings recht langsam, denn noch ist sie nicht gestorben. Es waren eine ganze Menge Gedichte nötig, um den Frisör umzubringen, und manche Leute sagen, daß es alles in allem der Gin mit Wasser war, der bewirkte, daß er überfahren wurde; vielleicht war es etwas von beidem und kam davon, daß er sie vermischte.«

Der Barbier erklärte, Mr. Weller habe eine der interessantesten Geschichten vorgetragen, die ihm jemals zu Ohren gekommen sei, eine Meinung, welcher die Haushälterin vollkommen beipflichtete.

»Sind Sie ein verheirateter Mann, Sir?« erkundigte sich Sam.

Der Barbier erwiderte, er habe nicht die Ehre.

»Ich nehme an, daß Sie heiraten wollen?« sagte Sam.

»Nun«, erwiderte der Barbier und rieb sich einfältig

lächelnd die Hände, »ich weiß nicht, ich halte es nicht für sehr wahrscheinlich!«

»Das ist ein schlechtes Zeichen«, sagte Sam, »wenn Sie gesagt hätten, Sie hätten vor, einer dieser Tage zu heiraten, dann hätte ich mir keine Sorgen gemacht um Sie. Aber so befinden Sie sich in größter Gefahr!«

»Ich jedenfalls bin mir keiner Gefahr bewußt«, erwiderte der Barbier.

»Das war ich mir auch nicht, Sir«, fiel der ältere Mr. Weller ein, »das waren meine Symptome, ganz haargenau. Auf die Art bin ich zweimal eingefangen worden. Halten Sie Ihre Augen offen, Freund, oder es ist um Sie geschehen.«

Es lag etwas so Feierliches in dieser Mahnung, sowohl in ihrem Gehalt wie in der Weise, wie sie vorgebracht wurde, und auch in der Art, wie Mr. Weller noch immer sein Auge auf das nichtsahnende Opfer heftete, daß für eine kurze Weile keiner ein Wort sagen mochte, und vielleicht noch länger nichts hätte sagen mögen, wenn die Haushälterin nicht zufällig geseufzt hätte, was die Aufmerksamkeit des alten Herrn ablenkte und die galante Anfrage hervorrief, ob da etwas sei, das dieses kleine Herzchen getroffen hätte?

»Ach je, Mr. Weller!« sagte die Haushälterin und lachte.

»Nein, aber gibt's denn etwas, das dieses Herzchen erschüttern könnte?« beharrte der alte Herr. »War es denn immer so verstockt, immer gewappnet gegen das Glück der Menschenwesen? Eh? War's das?«

In diesem kritischen Augenblick des Errötens und der Verwirrung entdeckte die Haushälterin, daß noch Ale gebraucht wurde, und zog sich hastig in den Keller zurück, um selbiges zu zapfen, gefolgt vom Barbier, der darauf bestand, ihr die Kerze zu halten. Nachdem Mr. Weller ihr mit einem sehr wohlwollenden, ihm dagegen mit einem recht verächtlichen Gesichtsausdruck nachgeschaut hatte, ließ er seinen Blick langsam durch die Küche schweifen, bis er schließlich auf seinem Sohn zu ruhen kam.

»Sammy«, sagte Mr. Weller, »ich traue diesem Barbier nicht.«

»Warum?« gab Sam zurück, »was hat der denn mit dir zu tun? Du bist mir der Rechte, bist du, zuerst spielst du alle möglichen Schrecken vor und dann fängst du an, Komplimente zu machen und von Herzen und Treffern zu reden.«

Diese Unterstellung der Galanterie versetzte Mr. Weller offenbar in höchstes Entzücken, denn er antwortete mit einer von Lachen erstickten Stimme und mit Tränen in den Augen:

»Hab' ich von Herzen und Treffern geredet – hab' ich wirklich, Sammy?«

»Hast du? Natürlich hast du das!«

»Sie versteht's nicht besser, Sammy, da ist nichts Böses dran – keine Gefahr, Sammy, sie ist doch nur witzig. Aber es hat ihr doch gefallen, oder nicht? Natürlich hat's ihr gefallen, das ist nur natürlich, daß es ihr gefällt, ganz natürlich.«

»Er bildet sich noch was drauf ein!« rief Sammy und stimmte in seines Vaters Heiterkeit mit ein. »Er bildet sich tatsächlich was drauf ein!«

»Pst!« erwiderte Mr. Weller und setzte eine ernste Miene auf, »sie kommen zurück – das kleine Herzchen kommt zurück. Aber denk an diese meine Worte, denk dran, wenn dein Vater dir sagt, daß er sie gesagt hat. Samivel, ich traue diesem falschen Barbier hier nicht.«

SECHSTES KAPITEL

Master Humphrey, von seiner Wanduhr in der Kaminecke

Zwei oder drei Abende nach der Gründung von »Mr. Wellers Taschenuhr« vermeinte ich auf meinem Spaziergang durch den Garten aus geringer Entfernung die Stimme von Mr. Weller selbst zu vernehmen; und als ich ein- oder zweimal stehenblieb, um genauer hinzuhören, fand ich heraus, daß die Stimmen aus dem kleinen Wohnzimmer meiner Haushälterin kamen, welches sich auf der Rückseite des Hauses befindet. Ich machte mir zu dieser Zeit keine weiteren Gedanken über diesen Umstand, der jedoch den Gegenstand einer Unterhaltung zwischen mir und meinem Freunde Jack Redburn am nächsten Morgen bildete, als sich herausstellte, daß mein Eindruck nicht falsch gewesen war. Jack teilte mir überdies folgende Einzelheiten mit, und da er ein außerordentliches Vergnügen darin zu finden schien, sie zu erzählen, bat ich ihn, in Zukunft all jene häuslichen Vorfälle und Auftritte, die ihm gefielen, niederzuschreiben, damit sie auf seine Weise wiedergegeben werden könnten. Ich muß gestehen, daß ich, da er und Mr. Pickwick ständig beisammen stecken, von dem heimlichen Wunsch beeinflußt wurde, mehr über ihre Zusammenkünfte zu erfahren.

An dem fraglichen Abend war das Zimmer der Haushälterin mit besonderer Sorgfalt hergerichtet und die Haushälterin selbst sehr schmuck gekleidet. Diese Vorbereitungen beschränkten sich jedoch nicht auf bloßen Augenschmaus, denn es war auch Tee für drei Personen bereitet, und eingelegte Früchte und Marmeladen und Gebäck aufgefahren, was einen ganz besonderen Anlaß ankündigte. Auch war Miss Benton (meine Haushälterin führt diesen Namen), in einem Zustand großer Erwartung, ging häufiger zur Haustür und schaute das Gäßchen hinunter und bemerkte dem Dienstmädchen gegenüber mehr als einmal, sie erwarte Gesellschaft und hoffe, es sei ihr nichts zugestoßen, was sie aufhalten würde.

Ein zaghaftes Läuten der Glocke verscheuchte endlich ihre Ängste, und Miss Benton eilte in ihr eigenes Zimmer, um sich dort einzuschließen, damit sie den Eindruck der Überraschung aufrechterhalten konnte, der für einen höflichen Empfang der Gäste von wesentlicher Bedeutung ist, und wartete mit lächelndem Gesicht auf ihr Eintreten.

»Guten Abend, Gnädigste«, sagte der alte Mr. Weller, der nach einem einleitenden Klopfen durch die Tür spähte. »Ich befürchte, daß wir schon ziemlich spät dran sind, Gnädigste, aber das junge Füllen hier war voller Teufelei, ist ausgerissen und hat gescheut und ist derart über die Stränge geschlagen, daß es, wenn es nicht bald gezähmt wird, mir noch ein gebrochenes Herz anärgert, und dann wird es nie mehr ausgeführt, außer um sein Alphabet anhand der Inschrift auf seines Großvaters Grabstein zu lernen.«

Mit diesen ergreifenden Worten, die an etwas gerichtet waren, das zwei Fuß sechs Zoll hoch draußen vor der Tür stand, stellte Mr. Weller einen sehr kleinen Jungen vor, der fest auf zwei sehr stämmigen Beinen stand und aussah, als könnte ihn niemals etwas umwerfen. Nicht nur hatte dieser junge Gentleman ein sehr rundes Gesicht, das dem von Mr. Weller stark ähnelte, und einen kräftigen kleinen Körper von genau der gleichen Figur, sondern er blinzelte – die kleinen Beine weit gespreizt, als wären sie an Stulpenstiefel gewöhnt – doch tatsächlich der Haushälterin mit einem Kinderauge zu, in Nachahmung seines Großvaters.

»Ist das nicht ein schlimmer Bub, Gnädigste«, sagte Mr.

Eigenartig geformte Wanduhr, mit farbigen Malereien geschmückt, die unten am Kasten für die Pendellinse den Adler mit dem Sternbanner zeigen. Um 1815

Weller, vor Vergnügen platzend, »ist das nicht ein unmoralischer Tony! Hat denn die Welt je einen Dreikäsehoch von vier Jahren und acht Monaten gesehen, der einer fremden Dame zuzwinkert?«

Ebenso ungerührt von dieser Bemerkung wie von dem vorherigen Appell an seine Gefühle hob Master Weller die kleine Nachbildung einer Kutscherpeitsche, die er in seiner Hand hielt, in die Luft, wandte sich an die Haushälterin mit einem schrillen: »Hü – hott!« und fragte sie, ob sie »den gleichen Weg« habe; bei dieser glücklichen Anwendung einer Lektion, die ihm von Kindesbeinen an eingetrichtert worden war, konnte Mr. Weller seine Gefühle nicht länger zügeln und gab ihm auf der Stelle zwei Pence.

»Es hat keinen Sinn, es abzustreiten, Gnädigste«, sagte Mr. Weller, »der da ist ein Bub ganz nach dem Herzen seines Großvaters, und er schlägt alle Buben, die's jemals vor ihm oder nach ihm gab. Allerdings, Gnädigste«, sagte Mr. Weller und bemühte sich, streng auf seinen Liebling hinabzuschauen, »war es gar nicht recht von ihm, daß er über alle Pfosten wollte, an denen wir vorbeikamen, und sehr grausam von ihm, den armen Großvater zu zwingen, ihn mit gekreuzten Beinen über jeden einzelnen drüberzuheben. Keinen einzigen verflixten Pfosten wollte er auslassen, Gnädigste, und da unten auf der Gasse gab's siebenundvierzig, alle in einer Reihe und sehr eng beisammen.« Hier brach Mr. Weller, der hin- und hergerissen war zwischen dem Gefühl des Stolzes auf die Taten seines Enkels und dem der Verantwortung und der Notwendigkeit, diesen mit moralischen Wahrheiten zu beeindrucken, in wieherndes Gelächter aus, um sich plötzlich wieder zu fangen und in strengem Ton zu bemerken, daß Buben, die ihre Großväter zwingen, sie über Pfosten zu heben, um keinen Preis jemals in den Himmel kämen.

Inzwischen hatte die Haushälterin Tee zubereitet, und

der kleine Tony – auf einen Stuhl neben dem ihren plaziert, die Augen beinahe in gleicher Höhe mit der Tischplatte – wurde mit verschiedenen Delikatessen versorgt, die ihn mit äußerster Befriedigung erfüllten. Dann tätschelte die Haushälterin (der der Bub, auch wenn sie ihn streichelte, recht unheimlich zu sein schien) ihm den Kopf und erklärte, er sei der beste Junge, den sie jemals gesehen habe.

»Tatsächlich, Gnädigste«, sagte Mr. Weller, »ich glaub' nicht, daß Sie viele von dieser Art sehen werden, und das ist die Wahrheit. Aber wenn mein Sohn Samivel nur auf mich hören täte, und endlich aufhören würde mit diesen … – ob ich wohl wagen dürfte, dieses Wort auszusprechen?«

»Welches Wort, Mr. Weller?« sagte die Haushälterin leicht errötend.

»Unterröcke, Gnädigste«, gab der Herr zurück und legte seine Hand auf die Gewänder seines Enkels. »Wenn mein Sohn Samivel, Gnädigste, endlich auf diese Kleider hier verzichten würde, dann täten Sie eine solche Veränderung in seiner Erscheinung erblicken, als wie die Phantasie sich nicht vorstellen kann.«

»Aber was soll denn Ihrem Wunsche nach das Kind sonst tragen, Mr. Weller?« sagte die Haushälterin.

»Ich hab' meinem Sohn Samivel wieder und wieder angeboten, Gnädigste«, gab der alte Herr zurück, »ihn auf eigene Kosten mit einer Garderobe auszustatten, die ihn zum gemachten Mann machen und seinen Geist schon im zarten Kindesalter auf die Ziele ausrichten würde, denen, wie ich hoffe, die Familie Weller sich immer weihen wird. Tony, mein Junge, erzähl der Dame hier, was das für Kleider sind, von denen Großvater sagt, daß Vater sie dich tragen lassen sollte.«

»Ein kleiner weißer Hut und eine kleine geblümte Weste und kleine Kniehosen aus Samt und kleine Stulpenstiefel und einen kleinen grünen Mantel mit kleinen glänzenden Knöpfen und einem kleinen Samtkragen«, erwiderte Tony mit großer Bereitwilligkeit und ohne Atempause.

»Das wär' das Kostüm, Gnädigste«, sagte Mr. Weller und blickte stolz auf die Haushälterin. »So ein Modell soll er nur einmal anhaben, dann würden Sie sagen, der ist wirklich ein Engel!«

Vielleicht dachte die Haushälterin, daß Klein-Tony in dieser Verkleidung eher wie der »Engel« in Islington aussehen würde, als wie sonst etwas dieses Namens, oder sie war vielleicht etwas verwirrt, ihre diesbezüglichen bisherigen Vorstellungen so über den Haufen geworfen zu sehen, da ja Engel üblicherweise nicht in Stulpenstiefeln und geblümten Westen dargestellt werden. Sie hustete zweifelnd, sagte aber nichts.

»Wieviele Brüder und Schwestern hast du denn, mein Liebes?« fragte sie nach einer kurzen Pause.

»Einen Bruder und überhaupt keine Schwester«, erwiderte Tony, »der heißt Sam und mein Vater auch. Kennst du meinen Vater?«

»Oh ja, den kenne ich«, erwiderte die Haushälterin wohlwollend.

»Hat mein Vater dich gern?« fuhr Tony fort.

»Das hoffe ich«, antwortete die Haushälterin lächelnd. Tony überlegte einen Moment, dann sagte er: »Hat dich mein Großvater gern?«

Diese Frage schien doch leicht zu beantworten zu sein, doch anstatt etwas darauf zu erwidern, lächelte die Haushälterin in großer Verwirrung und sagte, daß Kinder wirklich so ungewöhnliche Fragen stellten, daß eine Unterhaltung mit ihnen die schwierigste Sache der Welt sei. Mr. Weller nahm es auf sich zu antworten, er habe die Dame sehr gern; doch da die Haushälterin ihn beschwor, dem Kind doch nicht so etwas in den Kopf zu setzen, schüttelte Mr. Weller den seinigen, während sie woanders hinsah, und schien sich Sorgen darüber zu machen, ob da nicht schon eine Bestrickung im Gange sei. Vielleicht war es aus diesem Grund, daß er abrupt das Thema wechselte.

»Es ist sehr schlimm von kleinen Jungen, sich über ihren Großvater lustig zu machen, nicht wahr, Gnädigste?« sagte Mr. Weller und wackelte schalkhaft mit dem Kopf, bis Tony zu ihm aufsah, worauf er tiefsten Schmerz und Jammer zum Ausdruck brachte.

»Ach, sehr, sehr schlimm!« stimmte ihm die Haushälterin zu. »Aber ich hoffe doch, so was tut kein kleiner Junge?«

»Da gibt's einen kleinen Türken, Gnädigste«, sagte Mr. Weller, »der, weil er seinen Großvater einmal beim Geburtstag eines Freundes ein bißchen zu tief ins Glas schauen sah, durchs Haus schwankt und stolpert und so tut, als wär' er der alte Herr.«

»Nein, so etwas!« rief die Haushälterin.

»Jawohl, Gnädigste«, sagte Mr. Weller, »und bevor er das tut, zwickt dieser kleine Verräter, von dem ich spreche, fest seine Nase, daß sie rot wird, dann läßt er einen Schluckauf hören und sagt: ›Mir fehlt gar nichts!‹ sagt er, ›Heda, noch ein Lied!‹ Ha, ha! ›Heda, noch ein Lied!‹ sagt er. Ha, ha, ha!«

In seiner grenzenlosen Heiterkeit hatte Mr. Weller seine moralische Verantwortung ganz vergessen, bis der kleine Tony mit den Beinchen in der Luft strampelte, unmäßig zu lachen begann und rief: »Das war ich, das war ich«; worauf sein Großvater unter großer Anstrengung ungemein ernst wurde.

»Nein, nein, Tony, das warst nicht du«, sagte Mr. Weller. »Das will ich doch nicht hoffen, daß du das warst. Das muß der schlimme kleine Bub gewesen sein, der manchmal herauskommt aus dem leeren Schilderhäuschen um die Ecke – derselbe, der neulich auf einem Tisch vor dem Spiegel stand und so tat, als würd' er sich mit einem Austernmesser rasieren.«

»Er hat sich doch nicht wehgetan, hoffe ich?« bemerkte die Haushälterin.

»Der nicht, Gnädigste«, sagte Mr. Weller stolz. »Gott segne Sie, dem Jungen hier könnt' man beinahe eine Dampflokomotive anvertrauen, der kennt sich so gut aus« – aber sich plötzlich wieder fangend, da er begriff, daß Tony dieses Kompliment sehr gut verstand und zu schätzen wußte, ächzte der alte Herr und bemerkte: »Das war alles sehr schlimm – sehr sehr schlimm.«

»Oh, der ist wirklich ein Schlimmer«, sagte Mr. Weller, »dieser Bub aus dem Schilderhäuschen, der immer so viel Krach und Unordnung im Hinterhof macht, nicht wahr, wenn er hölzerne Pferde tränkt und mit Gras füttert und andauernd seinen kleinen Bruder aus einem Schubkarren kippt und seine Mutter vor Schreck noch um den Verstand bringt, und das noch dazu gerade dann, wo sie sein Glück durch einen weiteren Spielkameraden zu vergrößern hofft – oh, der ist schon ein Schlimmer! Er hat's sogar soweit getrieben, daß er eine Brille aus Papier aufgesetzt hat, die er seinen Vater hat machen lassen, und im Garten auf und ab gegangen ist, die Hände auf dem Rücken verschränkt, in Nachahmung von Mr. Pickwick – aber Tony tut doch so was nicht, o nein!«

»O nein!« echote Tony.

»So was würde ihm nie einfallen«, sagte Mr. Weller. »Er weiß schon, daß ihn keiner mehr gern hätte, wenn er solche Spiele treiben würde, und daß besonders sein Großvater dann seinen Anblick nicht mehr ertragen könnte, und aus diesem Grund ist Tony immer brav.«

»Immer brav«, echote Tony, und sein Großvater nahm ihn sofort auf die Knie und küßte ihn, nickte und zwinkerte aber gleichzeitig und deutete heimlich mit dem

Daumen auf den Kopf des Kindes, damit die Haushälterin sich von der bewundernswerten Weise, in der er (Mr. Weller) dessen Ruf gewahrt hatte, sich nicht täuschen ließe und nicht etwa glaube, er habe sich auf einen anderen jungen Herrn bezogen, sondern klar verstehe, daß der Bub aus dem Schilderhäuschen eine Schöpfung der Phantasie war, ein Doppelgänger von Tony selbst, erfunden nur zum Zwecke seiner Läuterung und Besserung.

Um sich nicht auf eine rein wörtliche Beschreibung der Fähigkeiten seines Enkels beschränken zu müssen, stiftete ihn Mr. Weller, nachdem der Tee beendet war, vermittels verschiedentlicher Gaben von Pence- und Halfpence-Stücken dazu an, imaginäre Pfeifen zu rauchen, aus wirklichen Krügen imginäres Bier zu trinken, seinen Großvater ganz ohne jede Zurückhaltung nachzumachen und vor allem die Betrunkenen-Szene vorzuführen, die den alten Herrn in Ekstase versetzte und die Haushälterin nicht wenig staunen machte. Aber Mr. Wellers Stolz war nicht einmal mit dieser Vorführung zufriedengestellt, denn nachdem er sich verabschiedet hatte, trug er das Kind wie eine seltene und erstaunliche Kuriosität zuerst zum Haus des Barbiers, dann zu dem des Tabakwarenhändlers, und an beiden Orten wiederholte er seine Vorführungen mit dem größten Erfolg vor einem entzückt applaudierenden Publikum. Es war halb zehn, als Mr. Weller zuletzt gesehen wurde, wie er ihn auf den Schultern nach Haus trug; und das Gerücht ging um, daß das Kleinkind Tony zu diesem Zeitpunkt bereits nicht mehr ganz nüchtern war.

An einem der vergangenen Abende saß ich und sann über die Personen und Geschehnisse nach, die mich nun so lange beschäftigt hatten, und konnte nicht mehr verstehen, wie ich mich jemals auf das Ende meiner Erzählung hatte freuen können, und machte mir darob Vorwürfe, als sei das eine Art von Grausamkeit gewesen gegenüber den Gefährten meiner Einsamkeit, die ich nun entlassen hatte und nie mehr zurückrufen konnte, als meine Uhr zehn schlug. Pünktlich mit dem Glockenschlag erschienen meine Freunde.

Bei unserem letzten abendlichen Treffen hatten wir die Geschichte beendet, die der Leser eben fertiggelesen hat. Unser Gespräch verlief in den gleichen Bahnen wie die Betrachtungen, die der Eintritt meiner Freunde unterbrochen hatte, und »Der Raritätenladen« war das Hauptthema unserer Unterhaltung. Ich darf dem Leser jetzt bekennen, daß ich bezüglich dieser kleinen Geschichte etwas auf dem Herzen hatte; etwas, das mitzuteilen ich mich die ganze Zeit über nur mit Not zurückhalten konnte; etwas, das ich während des Fortgangs der Erzählung in deren Interesse besser verbergen zu müssen glaubte, und das ich jetzt, da die Erzählung beendet war, gern – und doch zögerte ich – enthüllt hätte.

Es liegt nicht in meiner Natur, denjenigen, denen meine Zuneigung gehört, etwas zu verheimlichen. Wo mein Herz sich geöffnet hat, kann ich meine Lippen nicht verschließen. Diese Veranlagung und das Bewußtsein, daß ich ihr im Laufe meiner Erzählung einige Gewalt angetan hatte, legten mir jetzt eine Zurückhaltung auf, die ich nur unter Schwierigkeiten überwunden hätte, wenn nicht Mr. Miles – der, wie ich in einem früheren Manuskript schon angedeutet habe, ein Gentleman von kaufmännischer Gewohnheit ist und von größter Genauigkeit und Rechtschaffenheit in allen seinen Geschäften – zur rechten Zeit eine Bemerkung gemacht hätte.

»Ich wünschte mir«, warf mein Freund ein, »daß wir den Namen dieses Junggesellen erfahren hätten. Es gefällt mir nicht, daß er uns seinen Namen verschweigt. Das hat mich anfänglich mit Mißtrauen gegen ihn erfüllt, und mich, das versichere ich Euch, an seiner Moral zweifeln lassen. Inzwischen bin ich vollkommen davon überzeugt, daß er eine treffliche Person ist, aber in dieser Hinsicht scheint er sich jedenfalls nicht wie ein Geschäftsmann verhalten zu haben.«

»Meine Freunde«, sagte ich und rückte meinen Stuhl näher an den Tisch, an dem inzwischen alle in ihren angestammten Stühlen Platz genommen hatten, »erinnert Ihr Euch, daß diese Erzählung noch einen anderen Namen trug außer dem, den wir in letzter Zeit so oft gehört haben?«

Mr. Miles holte im Nu sein Notizbuch hervor und erwiderte, sich auf eine Eintragung darin beziehend: »Gewiß. ›Persönliche Abenteuer von Master Humphrey‹. Hier steht's. Ich hab's mir damals aufgeschrieben.«

Ich wollte eben mit dem, was ich ihnen mitzuteilen hatte, fortfahren, als der nämliche Mr. Miles mich noch einmal unterbrach und bemerkte, daß die Erzählung sich aus einem persönlichen Abenteuer von mir herleite und dies ohne Zweifel der Grund für diese Bezeichnung sei.

Dies führte direkt zur Sache.

»Mögt Ihr mir alle miteinander vergeben«, gab ich zurück, »daß dies Abenteuer, zum größeren Nutzen für die Erzählung und zu deren besserer Einführung, ein erfundenes war. Ich hatte tatsächlich meinen Anteil – und keinen einfachen oder unwichtigen – an diesen Seiten, die wir lasen, aber es war nicht in jener Rolle, die ich zuerst als die meine vorgab. Der jüngere Bruder, der unverheiratete Herr, der namenlose Schauspieler in diesem kleinen Drama steht jetzt hier vor Euch.«

Diese Eröffnung hatten sie wohl nicht erwartet.

»Ja«, fuhr ich fort. »Ich kann auf meine Rolle darin mit so ruhigem, halb lächelndem Mitleid mit mir selbst zurückblicken, wie ich es für einen Fremden empfände. Aber ich bin tatsächlich er, und nun kennt Ihr den großen Kummer meines Lebens.«

Ich brauche nicht zu sagen, welch echte Genugtuung mir das Mitleid und die Freundlichkeit bereiteten, mit denen diese Eröffnung aufgenommen wurde; noch auch, wie oft sie mir zuvor schon auf der Zunge gelegen hatte; noch auch, wie schwer es mir gefallen war – wie es mir fast unmöglich gewesen war, wenn ich zu den Stellen kam, die mir am meisten nahegingen und mich am unmittelbarsten betrafen –, die Rolle aufrechtzuerhalten, die ich angenommen hatte. Mag es genug sein, wenn ich sage, daß ich den Bericht von so vielen Prüfungen wieder im Uhrengehäuse verstaute – kummervoll, zugegebenermaßen doch mit einem sanfteren Kummer, der fast Freude war – und spürte, daß das Durchleben der Vergangenheit und das Vermitteln dessen, was sie mich lehrte, mich zu einem glücklichen Menschen gemacht hat.

Wir verweilten so lange bei den Blättern, aus denen ich vorgelesen hatte, daß die Zeiger meiner treuen Uhr, als ich jene an ihren früheren Ruheort zurücklegte, auf die Zwölf zeigten, und der Wind uns die Stimme der tiefen und fernen Glocke von St. Paul herübertrug, die Mitternacht schlug.

»Dieses«, sagte ich und gesellte mich mit einem Manuskript wieder zu ihnen, das ich zu gleicher Zeit demselben Behältnis entnommen hatte, »sollte, unter solchen Klängen geöffnet, eine Erzählung sein, in der Londons nächtliche Seite geheimnisvoll geschaut, und in der eine Tat zu solcher Zeit wie dieser schattenhaft und dunkel angedeutet wird. Wer von uns hat das Werk der großen Maschine schon gesehen, deren Stimme gerade eben verklungen ist?«

Mr. Pickwick natürlich und auch Mr. Miles; Jack und mein tauber Freund waren in der Minderheit.

Ich selbst hatte es erst wenige Tage zuvor gesehen und konnte mir nicht versagen, ihnen von den Vorstellungen zu berichten, die es in mir ausgelöst hatte.

Ich zahlte beim Eintreten einem der Geldwechsler, die dort innerhalb des Tempels sitzen, mein Eintrittsgeld von Twopence, und nach kurzem Umherwandern verfiel ich in die ruhige Gedankenwelt, die ein solcher Ort beschwört, und schritt auf den hallenden Steinen auf und ab wie ein alter Mönch, dessen gegenwärtige Welt ganz in diesen Mauern liegt. Als ich weit hinauf in die hohe Kuppel schaute, drängte sich mir die Überlegung auf, was jenes Genie, das dieses mächtige Gebäude aufgeführt hatte, sich wohl gedacht haben mag, als der letzte kleine Keil eingetrieben war, der letzte Nagel heimgetrieben für die nächsten Jahrhunderte, das Schlagen der Hämmer und das Summen geschäftiger Stimmen verklungen war, und das Große Schweigen, das Jahre des Lärmens zu schaffen halfen, nun ringsum ungestört herrschte, und er – so wie ich jetzt – sein Werk betrachtete und sich in dessen riesigem Ausmaß verlor. Ich war mir nicht ganz sicher, ob diese Betrachtung ihn mit dem Gefühl seiner eigenen Größe oder seiner Bedeutungslosigkeit erfüllt hatte; doch als ich mir vergegenwärtigte, wie lange es gedauert hatte, das Gebäude zu errichten, und in wie wenig Zeit es jetzt bis in seinen fernsten Winkel durchmessen werden konnte, und für wie kurze Zeit er oder diejenigen, die in Liebe seinen Namen trugen, es erlebten oder um es wußten, da stellte ich ihn mir viel eher melancholisch als stolz vor und mit einem Blick des Bedauerns auf sein vollendetes Werk.

Erfüllt von diesem Gedanken begann ich fast unbewußt die Treppe hinanzusteigen, die zu den verschiedenen Wundern des Gebäudes führt, und fand mich vor einer Barriere, an der ein weiterer Geldeinnehmer saß und mich fragte, welches von den Wundern ich zu sehen wünschte. Da war die Steingalerie, sagte er, und die Flüstergalerie, das geometrische Treppenhaus, der Raum der Modelle, die Uhr – und da die Uhr ganz in meiner

Geschmacksrichtung lag, unterbrach ich ihn und wählte diese Sehenswürdigkeit vor allen anderen.

Ich ertastete mir meinen Weg in das Türmchen, in welchem sie untergebracht ist, und erblickte vor mir in einer Art von Dachboden etwas, das aussah wie eine große alte Presse aus Eichenholz mit Flügeltüren. Als diese vom Wärter weit geöffnet wurden (den ich bei meiner Ankunft schlafend fand, und der aussah wie ein schläfriger Geselle, als hätt' sein enges Zusammenleben mit der Zeit ihn ganz gleichgültig ihr gegenüber werden lassen), enthüllten sie eine komplizierte Ansammlung von Rädern und Ketten aus Eisen und Messing – große, kräftige, ratternde Maschinen –, man konnte sich leicht ausmalen, wie ein Finger, hier und dort hineingesteckt, zerbrochen und die Knochen zu Pulver zermalmt wurden – und das alles war die Uhr! Schon ihr Puls, wenn mir das Wort gestattet ist, war ungleich jeder anderen Uhr. Sie markierte nicht die Flucht des Augenblicks mit einem sanften Sekundenschlag, als würde sie die gute Zeit zügeln wollen und sie bitten, ihren Schritt aus Mitleid zu verlangsamen, sondern maß sie mit dem Schlag eines Vorschlaghammers, als wär' es ihr Geschäft, die antretenden Sekunden zu zerschmettern und rücksichtslos dem Jüngsten Tag den Weg zu bahnen.

Ich setzte mich ihr gegenüber hin und lauschte ihrer regelmäßigen, ewig unveränderlichen Stimme. dem einen tiefen gleichbleibenden Ton, der all den Lärm und das Schreien in den Straßen unten übertönte: Es wurde mir klar, daß der Tumult steigen oder fallen, fortfahren oder aufhören konnte – sollte es Nacht oder Mittag, morgen oder heute, dies Jahr oder nächstes sein –, sie erfüllte doch immer ihre Aufgaben mit der gleichen schwerfälligen Regelmäßigkeit und lenkte das Fortschreiten des Lebens rundum; und da wurde ich von der Vorstellung ergriffen, daß hier das Herz von London sei, und daß, sollte es einmal nicht mehr schlagen, es die Stadt nicht mehr gäbe.

Es ist Nacht. Ruhig und unbewegt inmitten jener Szenen, die die Dunkelheit begünstigt, schlägt das große Herz von London in der Brust dieses Riesen. Reichtum und Bettelarmut, Laster und Tugend, Schuld und Unschuld, Völlerei und nagendster Hunger, die sich alle gegenseitig bedrängen und verdrängen, sind um es versammelt. Zieh nur einen kleinen Kreis über den gedrängten Giebeln, und du wirst in seinem Raume alles finden, mit seinem Gegenteil und äußersten Widerspruch direkt daneben: Wo jenes schwache Licht dort drüben scheint, ist ein Mann in diesem Augenblick gestorben. Die dünne Kerze ein paar Yard davon entfernt wird von Augen gesehen, die sich in diesem Augenblick auf die Welt geöffnet haben.

Dort sind zwei Häuser, die nur von ein oder zwei Zoll Mauer voneinander getrennt sind. In dem einen ruhen friedliche Gemüter; in dem anderen ein wachendes Gewissen, von dem man meinen könnte, daß es die Luft selbst in Unruhe versetzen müßte. In dieser schmalen Ecke, wo die Dächer tief unten kauern und sich zusammenducken, wie um ihre Geheimnisse vor der vornehmen Straße in der Nähe zu verbergen, dort sind solch finstere Verbrechen, soviel Elend und Entsetzen, daß man es kaum zu flüstern wagte. In der vornehmen Straße schlafen Leute, die ihr ganzes Leben hier gewohnt haben und von solchen Dingen so wenig wissen, als hätte es sie nie gegeben oder als würden sie nur im entferntesten Winkel dieser Welt geschehen – die, würde man sie ihnen gegenüber andeuten, nur ihre Köpfe schütteln, weise blicken, die Stirne runzeln und sagen würden, daß dies nicht möglich sei und nicht von der Natur gegeben – als ob letzteres nicht auf alle großen Städte zuträfe. Stellt nicht dieses Herz von London, das von nichts angehalten noch aufgehalten, noch beschleunigt werden kann – das gleichförmig weitergeht, geschehe, was wolle –, stellt es nicht das Wesen der Stadt gar trefflich dar?

Der Tag bricht an, und bald schon ertönt der Lärm und das Gesumm des Lebens. Jene, die die Nacht auf Türschwellen und auf kalten Steinen zugebracht haben, kriechen hervor, um zu betteln; jene, die in ihren Betten schliefen, gehen nun ebenfalls ihren Beschäftigungen nach, und der Handel regt sich. Der Nebel des Schlafs rollt langsam fort, und London strahlt hellwach. Die Straßen füllen sich mit Kutschen und farbenfroh gekleideten Menschen. Die Gefängnisse sind gleichfalls berstend voll, die Arbeits- und die Krankenhäuser haben ebenfalls keine freien Plätze mehr. Die Gerichtshöfe sind überfüllt. Die Tavernen füllen sich inzwischen mit ihren Stammkunden und jeder Markt mit seiner Menschenmenge. Jeder dieser Orte ist eine Welt und hat seine eigenen Bewohner; jeder unterscheidet sich von den anderen und ist sich deren Existenz kaum bewußt. Es gibt ein paar wohlhabende Leute, die sich erinnern, einmal gehört zu haben, daß eine ganze Anzahl von Männern und Frauen – Tausende, so meinen sie gehört zu haben – jeden Morgen in London aufstehen und nicht wissen, wo sie des Nachts sich betten sollen, und daß es Stadtviertel gibt, aus denen Hungersnot und Elend niemals weichen. Sie können es nicht so ganz glauben – etwas Wahres wird wohl dran sein, aber es ist natürlich übertrieben. Und so geht jede dieser tausend Welten weiter, ganz mit sich selbst beschäftigt, bis die Nacht wiederkommt – erst mit ihren Lichtern und Vergnügungen und ihren fröhlichen Straßen, dann mit ihrer Schuld und Dunkelheit.

Herz von London, jeder deiner Schläge ist eine Lehre! Wie ich deinen unbeugsamen Fortlauf sehe – den weder Tod, noch Druck des Lebens, noch Trauer, noch Fröhlichkeit da draußen um ein Jota ändern können –, vermeine ich eine Stimme zu vernehmen, die sich mir ins Herz senkt und mich mahnt, wenn ich mir mit den Ellenbogen einen Weg durch die Menge bahne, auch des niedersten und ärmsten Wesens zu gedenken, das vorübergeht, und, da ich ein Mensch bin, mich von keiner menschlichen Gestalt mit Verachtung und Stolz zu wenden.

Ich bin mir gar nicht sicher, daß ich mich nicht hätte hinreißen lassen können, dieses Thema noch weiter auszuführen, wären nicht die Papiere, die vor mir auf dem Tische lagen, ein stummer Vorwurf selbst ob dieser Abschweifung gewesen. Ich nahm sie auf, als ich an diesem Punkte angelangt war, und machte mich nun ernsthaft daran, sie vorzulesen.

Die Handschrift war mir fremd, denn das Manuskript war ins reine geschrieben worden. Da es in einem solchen Fall gegen unsre Regel ist, den Verfasser erfahren zu wollen, bevor die Lesung beendet ist, konnte ich nur forschend in die verschiedenen Gesichter um mich blicken, auf der Suche nach einem Zeichen, das mir den Schreiber verriete. Doch wer immer es auch war, er war darauf vorbereitet und gab sich durch keine Geste zu erkennen.

Ich hatte die Papiere in der Hand, als mein tauber Freund noch einen Vorschlag einbrachte.

»Es kam mir der Gedanke«, sagte er, »angesichts Ihres Nachtrags zu der Erzählung, die wir eben beendeten, daß es gut wäre, wenn diejenigen unter uns, die etwas aus ihrem Leben zu berichten haben, dies mit ihren Beiträgen zum Uhrgehäuse verbinden könnten. Das bräuchte keine Beschränkung zu sein, weder was die Zeit, noch den Ort, noch das Ereignis beträfe, da jedes wahre Geschehen dieser Art von fiktiven Umständen umgeben und von fiktiven Figuren vorgetragen werden könnte. Sollten wir nicht in diesem Punkt zu einer einverständlichen Regelung unter uns kommen?«

Der Vorschlag wurde herzlich aufgenommen, aber es bot eine gewisse Schwierigkeit, daß hier eine lange Geschichte vor uns lag, die geschrieben worden war, bevor wir daran gedacht hatten.

»Außer«, sagte ich, »es hätte sich so ergeben, daß der Schreiber dieser Geschichte – was nicht unmöglich ist, denn Menschen neigen hierzu, wenn sie schreiben – ihr bereits etwas von seinen eigenen Erfahrungen und Prüfungen untergelegt hat.«

Niemand sprach, doch mir war, als entdeckte ich von einer Seite einen Hinweis, daß dem tatsächlich so war.

»Solange mir nicht das Gegenteil versichert wird«, fügte ich daher hinzu, »nehme ich es als gegeben an, daß er dies getan hat und daß auch diese Papiere unter unsere neue Regel fallen. Da kein Widerspruch erfolgt, halte ich Ihr Einverständnis fest, mit Verlaub.«

Und hier wollte ich gerade wieder einsetzen, als Jack uns leise mitteilte, daß im Verlaufe unserer letzten Erzählung »Mr. Wellers Taschenuhr« ihre Sitzungen aus der Küche vertagt habe und sich nun regelmäßig vor unsrer Tür träfe, wo – wie er nicht bezweifelte – dieser erlauchte Klub auch in diesem Augenblick zu finden sei. Da dies geschähe, damit sie unseren Geschichten besser zuhören könnten, stelle er den Antrag, ihnen zu gestatten, hereinzukommen und diese unter freundlicheren Umständen zu vernehmen.

Hierzu gaben wir samt und sonders unsere bereitwillige Zustimmung, und nachdem die Gesellschaft – wie Jack vermutet hatte – entdeckt und aufgefordert worden war hereinzukommen, traten sie ein (wenn auch nicht ohne beträchtliche Verwirrung darüber, entdeckt worden zu sein) und wurden, in einigem Abstand, mit Stühlen versorgt.

Und nachdem die Lampe geputzt war und das Feuer gut geschürt lustig brannte, nachdem der Kamin sauber gefegt, die Vorhänge eng zugezogen und die Uhr aufgezogen waren, begannen wir unsere neue Geschichte.

Wieder ist es Mitternacht. Mein Feuer brennt lustig, der Raum ist erfüllt von der nüchternen Stimme meiner alten Freundin, ich bin allein und kann über die Geschichte nachsinnen, die wir eben beendet haben.

Zu einer Zeit wie dieser muß ich lächeln, wenn ich daran denke, wie einsam ich jemandem erscheinen muß, der mich in meinem Lehnstuhl sitzen sehen würde, mein graues Haupt gesenkt, meinen Blick nachdenklich auf die glühende Asche geheftet, und meine Krücke – Zeichen meiner Hilflosigkeit – auf der Kaminplatte zu meinen Füßen. Doch wenn ich auch der einzige Bewohner dieser Kaminecke bin, und wenn ich auch kinderlos und alt bin, so empfinde ich doch keine Einsamkeit zu dieser Stunde, sondern bin der Mittelpunkt einer schweigenden Gruppe, deren Gesellschaft ich liebe.

So haben selbst Alter und Schwäche ihren Trost. Wenn ich ein jüngerer Mann wäre, wenn ich tatkräftiger wäre, stärker im Leben eingebunden und mit ihm verknüpft, dann würden diese geisterhaften Freunde mich meiden, oder es wäre mir ein Bedürfnis, sie zu fliehen. Doch da ich bin, was ich bin, kann ich um ihre Gesellschaft werben und mich an ihr erfreuen und ganze Stunden damit zubringen, mir die Schatten vorzustellen, die vom Zufall gelenkt jede Nacht in Scharen in dieser Kammer zusammenkommen, und mir mit Freude ausmalen, was für eine Art von Interesse sie an dem schwachen, gebrechlichen Sterblichen haben, der ihr einziger Bewohner ist.

Alle Freunde, die ich je verloren habe, finde ich wieder unter diesen Besuchern. Ich liebe es, mir vorzustellen, wie ihre Geister mich umschweben und noch immer etwas irdische Freundlichkeit für ihren alten Gefährten empfinden und seinen Verfall beobachten: »Er ist schon schwächer, er verfällt zusehends, er kommt uns näher und näher und wird bald unser Dasein spüren.« Was sollte mich daran beunruhigen? Das ist Hoffnung und Ermutigung.

Diese Gedanken haben mich nie halb so stark bedrängt wie heute nacht. Gesichter, die ich lang vergessen habe, werden mir wieder vertraut; Züge, die zu vergegenwärtigen ich mich jahrelang bemühte, stehen mir plötzlich vor Augen; nichts hat sich verändert außer ich selbst, und selbst ich kann jederzeit mein früheres Selbst sein.

Jetzt, da ich gerade den Blick zu meiner alten Wanduhr hebe, fällt mir ganz ungerufen die Verehrung ein, mit der ich, nicht ohne eine Art von kindlicher Scheu, vor ihr zu sitzen pflegte und ihr zusah, wie sie unbeachtet in einer dunklen Ecke des Treppenhauses vor sich hintickte. Ich entsinne mich, wie ich beim Anblick ihres verstaubten Zifferblattes ernster und gesammelter blickte, als wäre sie – da sie dieses seltsame Leben in ihrem Inneren hat und frei ist von allen Exzessen eines vulgären Appetits und das ganze Haus Tag und Nacht warnt – ein Weiser. Wie oft habe ich ihr zugehört, wie sie die Perlen der Zeit aufsagte, und war über ihre Beständigkeit erstaunt! Wie oft habe ich ihr zugesehn, wie sie langsam rund ums Zifferblatt zeigte, und habe, während ich ungeduldig die sehnlich erwartete Stunde herbeiwünschte, dennoch wider Willen ihre Unerschütterlichkeit bewundert, ihr erhabenes Freisein von aller menschlichen Zwietracht, Ungeduld und Begierde!

Einst hielt ich sie für grausam. Ich erinnere mich, daß sie mir sehr hartherzig vorkam. Damals schon war sie eine alte Dienerin, und ich empfand, sie solle ein wenig Trauer zeigen, als ob es ihr an Mitgefühl für uns in unserer Not ermangele und sie ein schwerfälliges, herzloses, feiles Geschöpf sei. Ach! Wie bald begriff ich, daß gerade in diesem unaufhörlichen Fortschreiten, in dem sich durch nichts stören oder aufhalten zu lassen, ihre größte Freundlichkeit liegt, die einzige Linderung für Schmerz und wunden Seelenfrieden.

Heute nacht, heute nacht, da dieser Friede und diese Ruhe in meinem Herzen sind, und die Erinnerung mir so viele sich wandelnde Szenen vor Augen führt, nehme ich nach Belieben meinen stillen Platz an vielen Kaminfeuern ein, die lang schon erloschen sind, und mische mich unter die fröhlichen Gruppen, die sich um sie versammelt haben. Wenn ich in solcher Stimmung bekümmert sein könnte, dann würde mich der Gedanke traurig machen, was für ein armseliger Schatten ich einst auf ihrer Jugend und Schönheit war, und wie wenige von ihnen jetzt noch übrig sind, die mich erröten lassen könnten; dann würde mich der Gedanke traurig machen, daß jene von ihnen, denen ich manchmal noch auf meinen täglichen Spaziergängen begegne, kaum weniger gebrechlich sind als ich, daß die Zeit uns alle gleich gemacht hat, daß alle Unterschiede verblassen und verschwinden, da wir unsere zitternden Schritte dem Grabe zulenken.

Doch die Erinnerung ward uns zu besserem Zweck gegeben als diesem, und die meinige ist keine Qual, sondern eine Quelle des Vergnügens. Mich der Heiterkeit und Jugend zu besinnen, die ich einst gekannt habe, das läßt mich an fröhliche Szenen voll argloser Lustigkeit denken, die sich vielleicht jetzt gerade abspielen. Anfänglich sie noch aus der Ferne betrachtend, werde ich doch bald zum Mitspieler in diesen kleinen Dramen, und indem ich meiner Phantasie nachgebe, verliere ich mich zwischen den Geschöpfen, die sie beschwört.

Wenn mein Feuer hell und hoch brennt, und ein warmer roter Widerschein die Wände und die Decke dieser alten Kammer überzieht; wenn meine Uhr fröhliche Musik macht, wie eines dieser zirpenden Insekten, die ihre Freude am warmen Herd haben und von denen es manchmal – in einem guten Aberglauben – heißt, daß sie die Boten von Glück und Reichtum für den Haushalt sind, in dessen Barmherzigkeit sie so anspruchslos vertrauen; wenn alles in rötlich-warme Glut getaucht ist und in der knisternden Flamme Stimmen zu hören und in ihrem zuckenden Licht Lächeln zu sehen sind; dann versammeln sich andere Lächeln und andere Stimmen um mich und erfüllen mit ihrer wohltuenden Harmonie die Stille der Nacht.

Denn dann versammelt sich eine Gruppe jugendlicher Geschöpfe um meinen Kamin, und der Raum hallt von ihren fröhlichen Stimmen wider. Mein einsamer Sessel nimmt nun nicht länger so viel Platz vor dem Feuer ein, sondern wird in eine kleinere Ecke geschoben, um dem großen Kreis, der sich vor meinem fröhlichen Feuer bildet, mehr Raum zu lassen. Ich habe Söhne und Töchter und Enkel, und wir haben uns aus einem für uns alle freudigen Anlaß versammelt. Ein Geburtstag ist's vielleicht oder vielleicht die gesegnete Weihnachtszeit, doch was immer es auch sei, es ist ein hoher Feiertag für uns, und wir sind alle voller Freude.

In der Kaminecke mir gegenüber sitzt die eine, die neben mir alt geworden ist. Natürlich hat sie sich verändert, stark verändert, und doch kann ich das Mädchen selbst in diesem grauen Haar und dem faltenreichen Gesicht noch erkennen. Wenn ich von dem lachenden Kinde – das sich halb in ihren weiten Röcken verbirgt, halb hervorlugt – zu der kleinen Matrone von zwölf Jahren blicke – die nicht weit von mir so fraulich und so sittsam dasitzt – und von ihr zu einem schönen Mädchen in der vollen Blüte junger Weiblichkeit, dem Mittelpunkt der Gruppe – die mehr als einmal zur sich öffnenden Tür geblickt hat, und neben welcher die Kinder, untereinander flüsternd und kichernd, einen Stuhl freihalten, obwohl sie sich's

Wanduhr von Charles Cressent, Werk von Jean Godde d. Ä., Bronze vergoldet. Aus der Verschmelzung von Uhr und Konsole entstand diese Form der Wanduhr. Oben ein Putto mit dem Stundenglas, unten der geflügelte Kronos mit der Sense verbittet –, so sehe ich ihr Ebenbild in dreifacher Wiederholung und weiß, wieviel Zeit verstreichen muß, bevor eine Gestalt und bestimmte Gesichtszüge gänzlich – falls überhaupt – unter den Lebenden verschwinden. Während ich dem noch nachsinne und den langsamen Wechsel von Kindheit zu Jugend, von Jugend zum vollendeten Wachstum und davon zum Alter im Geiste verfolge, und mit dem Stolz eines alten Mannes denke, daß sie immer noch schön ist, spüre ich eine leichte, zarte Hand auf meinem Arm und sehe, als ich hinunterblicke, zu meinen Füßen einen verkrüppelten Jungen sitzen – ein sanftes, geduldiges Kind –, dessen Anblick mir wohlvertraut ist. Er lehnt sich auf eine kleine Krücke – auch die ist mir bekannt –, auf die er sich stützt, als er auf meinen Fußschemel klettert und mir ins Ohr flüstert: »Ich gehöre doch nicht zu ihnen, lieber Großvater, wenn ich sie auch herzlich liebe. Sie sind sehr gut zu mir, doch du wirst noch liebevoller zu mir sein, ich weiß es.«

Meine Hand liegt auf seinem Nacken, und ich beuge mich vor, ihn zu küssen, als meine Wanduhr schlägt, mein Sessel auf seinem alten Platz steht, und ich allein bin.

Und wenn ich's bin? Und wenn dieser häusliche Herd verlassen ist, bis auf die Gegenwart eines schwachen alten Mannes? Vom Giebel meines Hauses sehe ich auf hundert Heime, in deren jedem diese geselligen Gefährten Wirklichkeit sind. Auf meinem täglichen Spaziergang gehe ich an tausend Männern vorüber, deren Sorgen ganz vergessen, deren Mühen leicht gemacht, deren öder Arbeitslauf von Tag zu Tag erhellt und beglückt werden durch ihre flüchtigen Blicke auf häusliche Freude in ihrem Heim. Inmitten der Überlebenskämpfe dieser kämpfenden Stadt: Was werden nicht für fröhliche Opfer gebracht, welch Mühsal nicht bereitwillig ertragen, wieviel Geduld nicht geübt und Stärke gezeigt, nur um des trauten Heims und seiner Stimmung willen! Laßt mich dem Himmel danken, daß ich meinen häuslichen Herd mit Schatten wie diesen bevölkern kann, mit Schatten voll leuchtenden Gegenständen, die in einer Vielzahl um mich existieren, und laßt mich sagen: »Ich bin nicht mehr allein.«

Nie war ich es weniger – ich schreibe dies mit einem dankbaren Herzen – denn heute nacht. Erinnerungen an die Vergangenheit und Gesichte der Gegenwart erscheinen, mir Gesellschaft zu leisten; der Niedrigste, dem ich je ein Almosen gab, erscheint, sein Scherflein Frieden und Trost meinem Vorrat hinzuzufügen; und wenn einmal das Feuer in mir erkalten sollte und nicht mehr meinen Pfad auf Erden hier beleuchtet, so bete ich, daß es in einer Stunde wie dieser geschehen möge, zu der ich die Welt so liebe wie in diesem Augenblick.

Der taube Gentleman aus seiner eigenen Wohnung

Unser teurer Freund legte seine Feder am Ende des vorhergehenden Absatzes nieder, um sie nie mehr aufzunehmen. Nie hätte ich gedacht, daß ich je die meinige für eine so traurige Aufgabe brauchen würde wie die, die er mir hinterlassen hat und der ich sie jetzt widme.

Da er am nächsten Morgen nicht zur gewohnten Stunde unter uns erschien, klopften wir leicht an seine Tür. Da keine Antwort kam, machten wir sie vorsichtig auf, und dann sahen wir ihn zu unsrer Überraschung vor der Asche seines Feuers sitzen, ein kleines Tischchen, das ich, bevor ich ihn für die Nacht verließ, an seinen Ellbogen zu stellen pflegte, in einiger Entfernung, als hätt' er's fortgeschoben in der Absicht, aufzustehen und zu Bett zu gehn. Krücke und Schemel befanden sich zu seinen Füßen wie gewöhnlich, und er war in seinen Hausrock gekleidet, den er angezogen hatte, bevor ich ihn verließ.

Er lag zurückgelehnt in seinem Stuhl, in der gewohnten Haltung, das Gesicht zum Feuer gewandt, und schien in Betrachtungen versunken – in der Tat, zuerst hofften wir noch, daß er's sei.

Als wir zu ihm hintraten, fanden wir ihn tot. Ich habe ihn oft, sehr oft schlafen sehen, immer friedlich, doch noch nie sah ich ihn so ruhig und heiter aussehen. Sein Gesicht drückte die Gelöstheit und Güte aus, die mich zutiefst beeindruckt hatte, als wir uns zuletzt die Hände schüttelten; nicht, daß er jemals anders ausgesehen hätte, Gott ist mein Zeuge; doch in diesem Ausdruck war etwas so Vergeistigtes, so seltsam und so unerklärlich Jugendliches gelegen, obwohl sein Haupt grau und ehrwürdig war, daß es selbst an ihm neu war. Ich hatte es ganz plötzlich bemerkt, als er mich am vergangenen Abend unter einem kleinen Vorwand zurückrief, um noch einmal meine Hand zu nehmen und noch einmal zu sagen: »Gott segne Sie.«

Ein Klingelzug hing in Reichweite seiner Hand, doch hatte er nicht versucht, ihn zu ergreifen, noch sich überhaupt – darin stimmten wir überein – gerührt, außer, wie ich sagte, um sein Tischchen fortzuschieben, was er mit einer leichten Handbewegung hätte tun können und gewiß auch tat. Er war für einen Augenblick noch einmal in seine späten Betrachtungen versunken und dann, mit einem nachdenklichen Lächeln auf den Lippen, gestorben.

Ich wußte schon seit langer Zeit, daß es sein Wunsch war, daß wir alle, sollte dies Ereignis einmal eintreten, uns im Haus zusammenfänden. Ich verlor also keine Zeit, nach Mr. Pickwick und Mr. Miles zu schicken, die beide noch vor der Rückkehr des Boten hier eintrafen.

Es ist nicht meine Aufgabe, mich über die Trauer und die liebevollen Gefühle zu verbreiten, deren Zeuge und Anteilnehmer zugleich ich war. Doch darf ich von den niederen Trauernden sagen, daß seiner treuen Haushälterin fast das Herz brach, daß der arme Barbier untröstlich war und daß ich die schlichte Aufrichtigkeit und Herzenswärme von Mr. Weller und seinem Sohn bis zu meinem letzten Atemzuge achten werde.

»Und so ist die liebe alte Kreatur, Sir«, sagte der ältere Mr. Weller am Nachmittag zu mir, »nun also durchgegangen. Er, der kein Laster nicht kannte, der so frei von Launen war, daß selbst ein Säugling ihn hätt' kutschieren können, hat endlich diesen einen unvermeidlichen Kolleranfall bekommen, der uns alle erwartet, und auf ewig zu futtern aufgehört! Ich seh' ihn«, sagte der alte Herr, mit einer Feuchtigkeit in den Augen, die nicht zu mißdeuten war, »ich seh' ihn, wie er bei jeder Fahrt schon wackeliger wird; ich sag zu Samivel, ›Mein Junge! der Graue hat's in den Knien‹, und jetzt hat sich meine Voraussage fatal bewahrheitet, und er, dem ich nie genug dienen, nie genug meine Zuneigung hab' zeigen können, ist im großen allgemeinen Pfandhaus der Natur versetzt worden.«

Die Zuneigung des alten Mannes ging mir nicht weniger nahe, weil er sie auf seine eigenartige Weise zum Ausdruck brachte. Im Gegenteil, ich kann sowohl von ihm als auch von seinem Sohn wahrhaft versichern, daß sie, ungeachtet der ungewöhnlichen Zwiegespräche, die sie miteinander führten, und der seltsamen Kommentare und Verbesserungen, mit denen sie sich gegenseitig ihre Reden erläuterten, in der Aufrichtigkeit ihrer Trauer kaum übertroffen werden könnten; und ich bin sicher, daß die Rücksichtnahme und Eilfertigkeit, mit der sie die Verrichtung vieler kleiner Dienste des Mitgefühls vorwegnahmen, den zartfühlendsten Personen zur Ehre gereicht hätte.

Unser Freund hatte uns oft gesagt, daß sich sein Testament in einer Kiste im Uhrgehäuse befände, deren Schlüssel in seinem Schreibtisch läge. Da er uns auch gesagt hatte, daß er es unmittelbar nach seinem Tod, wann immer dieser eintreten möge, eröffnet wissen wollte, so kamen wir noch an demselben Abend zusammen, um seinen Wunsch zu erfüllen.

Wir fanden es, wie er es uns beschrieben hatte, in versiegeltes Papier gewickelt, nebst einem Kodizill neueren Datums, in dem er Mr. Miles und Mr. Pickwick zu seinen Vollstreckern ernannte – da diese beiden es nicht nötig hatten, von seinem Vermögen mehr als einen großzügigen Beweis (den er ihnen auch vermachte) seiner Freundschaft und seines Gedenkens zu erwarten.

Nachdem er den Ort angegeben hatte, an dem seine Asche die letzte Ruhe finden sollte, vermachte er »seinen teuren alten Freunden«, Jack Redburn und mir selbst, sein Haus, seine Bücher, seine Einrichtung – kurz, alles was das Haus enthielt, und mit diesem Vermächtnis reichlichere Mittel, es in seinem jetzigen Zustand zu erhalten, als wir mit unserer Lebensweise und in unserem Alter je erschöpfen könnten. Neben diesen Gaben hinterließ er uns treuhänderisch eine jährliche, keineswegs unbedeutende Summe, die zu Wohltätigkeitszwecken unter denen, die er schon lange unterhielt – sie bilden eine lange Liste –, verteilt werden sollte, sowie unter all den anderen, die sich von Zeit zu Zeit einstellen mochten und seines Überflusses bedurften. Und da wahre Wohltätigkeit nicht nur eine Vielfalt von Sünden verdeckt, sondern auch eine Vielzahl von Tugenden einschließt, wie Verzeihen, Großmütigkeit, Sanftmut und Erbarmen mit den Fehlern der anderen so wie das ständige Wissen um unsere eigenen Mängel und Vorteile, bat er uns, nicht allzu gründlich den läßlichen Verirrungen der Armen nachzuforschen, sondern ihnen, wenn es sich herausstellt, daß sie *arm* sind, erst zu helfen und dann erst – bei günstiger Gelegenheit – zu versuchen, sie zu bessern.

Der Haushälterin hinterließ er eine Jahresrente, die

ausreichend war, sie ihr Leben lang in Wohlstand zu unterhalten. Für den Barbier, der ihm viele Jahre lang aufgewartet hatte, traf er auf ähnliche Weise Vorsorge. Und an dieser Stelle möchte ich zwei Bemerkungen einflechten: erstens, daß ich's für sehr wahrscheinlich halte, daß diese beiden ihre Mittel in einen Topf werfen und sich zusammentun werden; und zweitens, daß ich annehme, daß unser Freund dieses Ergebnis im Auge hatte, denn ich hörte ihn mehr als einmal sagen, er stimme nicht mit dem allgemeinen Vorurteil der Menschen gegen altersgleiche, spät im Leben geschlossene Ehen überein, da es doch viele Fälle gab, in denen eine solche Verbindung ganz gewiß eine weise und vernünftige Quelle des Glücks für beide Parteien sein mußte.

Der ältere Mr. Weller ist so weit davon entfernt, diese Aussicht mit einem Gefühl der Eifersucht zu betrachten, daß ihre Erwägung ihn sehr zu erleichtern scheint, und sein Sohn, wenn ich mich nicht irre, teilt diese Auffassung. Wir sind jedoch alle der Meinung, daß die Gefahr, in der der alte Herr – selbst auf ihrem Höhepunkt – schwebte, wirklich nicht groß war, und daß er nur unter einem dieser flüchtigen Schwächeanfälle gelitten hat, die Personen seines Temperaments hin und wieder überfallen, die jedoch von Mal zu Mal weniger gefährlich werden, bis sie schließlich gänzlich verschwinden. Ich zweifle nicht daran, daß er den Rest seines Lebens ein lustiger alter Witwer bleiben wird, da er bereits mit großem Ernste von mir wissen wollte, ob nicht eine Habeascorpusakte ihm erlauben würde, seinen Besitz unwiderruflich Tony zu vermachen, und da er in meiner Gegenwart seinen Sohn mit Tränen in den Augen beschworen hat, ihn im Falle, daß er sich je noch einmal verlieben sollte, in eine Zwangsjacke zu stecken, bis der Anfall vorüber sei, und der Dame klipp und klar mitzuteilen, daß sein Hab und Gut bereits »vermacht« sei.

Obwohl ich kaum Zweifel daran hege, daß Sam im Falle äußerster Notwendigkeit diesen dringenden Befehl ausführen würde, und daß er dies mit vollkommener Gelassenheit und Kaltblütigkeit täte, so glaube ich doch nicht, daß die Dinge sich jemals soweit zuspitzen werden, da der alte Herr vollkommen glücklich in Gesellschaft seines Sohnes, seiner hübschen Schwiegertochter und seiner Enkel zu sein scheint, und feierlich seine Entschlossenheit verkündet hat, »es in jeder Hinsicht dem Alten nachzutun«, woraus ich entnehme, daß es seine Absicht ist, sein Verhalten nach dem Vorbilde Mr. Pickwicks einzurichten, der ihm mit Sicherheit das Leben eines Junggesellen vorleben wird.

Ich bin einen Augenblick von dem Gegenstand, der mich zur Feder greifen ließ, abgeschweift, weil ich weiß, daß mein Freund an diesen kleinen Dingen ein Interesse nahm, und ich die natürliche Neigung habe, bei jedem Thema, das ihn beschäftigte und ihn vergnügte und unterhielt, zu verweilen. Seine restlichen Wünsche sind rasch mitgeteilt. Er bat uns, ihn zum häufigen Gegenstande unserer Unterhaltung zu machen, gleichzeitig aber auch, nie mit düsterer oder zurückhaltender Miene von ihm zu sprechen, sondern ganz offen und wie von einem, den wir noch immer liebten und wiederzusehen hofften. Er hege die zuversichtliche Erwartung, daß das alte Haus keine Zeichen von Trauer tragen, sondern lebensvoll und heiter sein würde, und daß wir sein Bild, das in unserem Speisezimmer hängt, nicht verhängen oder entfernen, sondern es zu unserem Gefährten machen würden, so wie er es gewesen war. Seine eigene Kammer, unser Sitzungssaal, bleibt auf seinen Wunsch in ihrem gewohnten Zustand; unsere Stühle stehen um den Tisch wie zu alten Zeiten, sein Lehnstuhl, sein Schreibtisch, seine Krücke, sein Fußschemel nehmen ihren gewohnten Platz ein, und die Wanduhr steht in ihrer gewohnten

Ecke. Wir betreten zu festgesetzten Zeiten diese Kammer, um zu sehen, ob alles so ist, wie es sein sollte, und dafür zu sorgen, daß Licht und Luft ihren Zugang finden, denn in diesem Punkt zeigte er sich sehr besorgt. Aber es war seine Wunschvorstellung, daß in diesem Raum niemand wohnen, daß er sorgfältig in diesem Zustande bewahrt und die Stimme seiner alten Gefährtin nie mehr gehört werden solle.

Meine eigene Geschichte läßt sich in wenigen Worten zusammenfassen, und selbst diese hätte ich dem Leser gern erspart, hätte nicht mein Freund vor längerer Zeit einmal darauf angespielt. Ich habe keinen tieferen Kummer als den Verlust eines Kindes – einer einzigen Tochter, die am Leben ist und die nur wenige Wochen, bevor unser Freund und ich einander kennenlernten, aus ihres Vaters Haus floh. Noch nicht einmal meinem Freunde gegenüber habe ich je davon gesprochen, denn ich habe sie immer geliebt und ich konnte es nicht ertragen, ihm von ihrem Fehltritt zu berichten, ohne zugleich von ihrer Reue und ihrem Leid sprechen zu können. Glücklicherweise ward es mir beschieden, dies vor einiger Zeit tun zu können. Und es wird nicht mehr lange dauern, so Gott will, bis sie mir zurückgegeben sein wird, und ich in ihr und ihrem Manne die Stütze meiner schwindenden Jahre finden werde.

Was die Pfeife angeht, so ist sie ein Erinnerungsstück an zu Hause, ein Ding von geringem Wert, eine armselige Kleinigkeit nur, doch um ihretwillen ist sie mir heilig.

So sind, seit dem Tod unseres verehrungswürdigen Freundes, Jack Redburn und ich die einzigen Bewohner des alten Hauses, und wir haben uns Tag für Tag gemeinsam die Zeit auf seinen Lieblingsspazierwegen vertrieben. Seiner letzten Wünsche eingedenk sind wir schon lange imstande, leicht und heiter über ihn zu sprechen und ihn so im Gedächtnis zu behalten, wie er es sich wünschte.

Aus bestimmten Anspielungen, die Jack fallen ließ, daß er in frühen Jahren verlassen und verstoßen ward, neige ich zu der Annahme, daß einige Vorfälle aus seiner Jugend eventuell in der Geschichte von Mr. Chester und seinem Sohn angedeutet sind, da er aber den Gegenstand zu meiden scheint, bin ich nicht weiter in ihn gedrungen.

Meine Arbeit ist getan. Die Kammer, in der wir so viele Stunden verbracht haben, nicht ohne – wie ich hoffe – etwas Vergnügen und Gewinn, ist nun verlassen; die glückliche Stunde unseres Treffens schlägt nicht mehr; die Kaminecke ist kalt geworden; und *Master Humphreys Wanduhr* ist für immer stehengeblieben.

Virginia Woolf über Dickens

»Wir formen unsere psychologische Geographie um, wenn wir Dickens lesen; wir vergessen, daß wir je die Freuden der Einsamkeit empfunden oder mit Staunen die verwickelten Gefühle unserer Freunde beobachtet oder in den Schönheiten der Natur geschwelgt haben. Was uns in der Erinnerung bleibt, ist die Inbrunst, die Aufregung, der Humor, das wunderliche Wesen der Menschen; der Geruch und Geschmack und Ruß von London; die unglaublichen Zufälle, die die fernstliegenden Lebensläufe verknüpfen; die City, die Gerichtshöfe; dieses Mannes Nase, jenes Mannes Hinken; irgendeine Szene unter einem Torbogen oder auf der Landstraße; und vor allem eine bestimmte riesenhafte und beherrschende Figur, so strotzend und schwellend von Leben, daß sie nicht einzeln und für sich existiert, sondern für die eigene Verwirklichung eine Schar anderer zu brauchen scheint, um die zertrennten Teile ins Leben zu rufen, die sie erst vollständig machen, so daß dieser Mensch, wo er geht und steht, der Mittelpunkt von Geselligkeit und Fröhlichkeit und Punschbrauerei ist; das Zimmer ist voll, die Lichter sind hell; da sind Mrs Micawber, die Zwillinge, Traddles, Betsey Trotwood – alle in vollem Gange.

Das ist die Kraft, die nicht vergehen oder ihre Wirkung verfehlen kann – das Vermögen, nicht zu analysieren oder zu erklären, sondern, offenbar ohne Bedacht oder Mühe oder Berechnung der Folgen für die Handlung, Gestalten hervorzubringen, die nicht in einzelnem, nicht deutlich bestimmt oder exakt abgrenzbar existieren, sondern überquellen in einem Schwarm wilder und doch außerordentlich enthüllender Bemerkungen, Luftblase auf Luftblase steigend, wie der Atem des Schöpfers sie füllt. Und die Fruchtbarkeit und augenscheinliche Unreflektiertheit haben eine seltsame Wirkung. Sie machen auch aus uns Schöpfer und nicht allein Leser und Zuschauer.«